옷 만들 때 궁금한 것 싹 해결!
곁에 두고 보는 옷 만들기 노트

contents

재봉틀의 달인이 되어볼까요

원단에 맞는 재봉 바늘과 재봉실 고르는 법 5
선택하는 기준 / 실 색깔 고르는 법

재봉실 조절하는 법 배우기 6

원단이 비뚤어지지 않게 고정하는 법 배우기 7
시침질로 고정하기 / 시침핀만으로 고정하기

재봉의 핵심 되돌아박기 배우기 8

정성들여 다림질하는 법 배우기 9
다림질 포인트 / 다림질하는 법

재봉 포인트 직선 박기와 모서리 박기 배우기 10
재봉 포인트 / 직선 박기 / 모서리 박기

재봉 포인트 곡선 박기와 원통 박기 배우기 12
곡선 박기 / 원통 박기

마스터하고 싶은 기본 재봉 배우기

다트 재봉 배우기 15
다트 바느질법 / 매듭법 / 다트 넘기는 법
다트 넘기는 방향

주름 재봉 배우기 16
맞대는 법 / 재봉하는 법

턱 재봉 배우기 17
턱을 넣는 방향 / 접기만 하는 턱 / 재봉 끝 점이 있는 턱
스티치 하는 법

시접처리하는 법 배우기 18
가름솔 / 외솔 / 통솔 / 뉨솔

접단 마무리하는 법 배우기 20
[한 번 접기] 곡선으로 접는 법 / 박음질하기 / 감침질하기
[두 번 접기] 접는 법 / 박음질하기 / 감침질하기

박아서 뒤집는 법 배우기 22
셔츠 칼라 / 스퀘어 넥 / 라운드 넥

바이어스테이프로 마감하는 법 배우기 24

바이어스테이프로 장식하는 법 배우기 26
준비할 바이어스테이프 / 바깥 곡선 장식 / 안쪽 곡선 장식
박음선을 감추고 싶을 때

바이어스테이프 만드는 법 배우기 28
재단하는 법 / 길게 잇는 법 / 양쪽 접기 바이어스테이프

끈 만드는 법 배우기 29
폭이 넓은 끈 / 폭이 1cm 이하인 가는 끈

재봉을 시작하기 전에

숨은 지퍼 다는 법 배우기 30

목둘레선을 안단으로 처리하는 법 배우기 32

목둘레선 슬래시 트임 만드는 법 배우기 33
안단이 한 장일 경우
트임 안단과 바이어스테이프를 조합할 경우

허리 벨트 다는 법 배우기 34
벨트에 접착심지를 붙이는 경우 / 벨트심을 넣는 경우

허리에 고무줄 넣는 법 배우기 35
창구멍 만드는 법 / 고무줄 끼우는 법과 매듭짓는 법
고무줄을 여러 개 끼우는 경우

주머니 다는 법 배우기 36

칼라 만들어서 다는 법 배우기 38
칼라 만드는 법 / 칼라 다는 법

소매를 달고 소매와 옆선 이어박는 법 배우기 40
소매 다는 법 / 소매와 옆선 이어박기

소매트기와 커프스 다는 법 배우기 42
소매트기 하는 법 / 커프스 만드는 법 / 커프스 다는 법

기본 단추 다는 법 배우기 44
구멍이 있는 단추 달기 / 기둥이 있는 단추 달기

스냅 단추 다는 법 배우기 45

훅 다는 법 배우기 46
큰 훅 / 스프링 훅

도구에 대해서 49
패턴 만들기와 표시 도구
언제든지 시작할 수 있도록 갖춰두고 싶은 기본 도구

원단에 대해서 52
원단의 종류 / 원단 고르는 법 / 원단의 겉과 안
원단의 폭과 사용량 / 전처리 하는 법

패턴 만들기 54
사이즈 정하기 / 실물 크기 패턴 옮기기
옮겨 그린 패턴에 시접 넣기

자신의 사이즈에 맞도록 패턴 수정하는 법 배우기 56
치마 패턴 수정 / 원피스 패턴 수정
치마 길이, 원피스 길이 바꾸기 / 소매 길이 바꾸기

원단을 접어 패턴 배치하기 58
원단을 반으로 접어 배치한다 / 한쪽 원단에만 배치한다

원단 재단하기 59
재단 가위 사용법 / 재단하는 법

원단에 표시하기 60
완성선 / 다트 / 턱 / 주머니 위치

접착심지 붙이는 법 배우기 61
접착심지 자르는 법 / 접착심지 붙이는 법

index 62

Know Your Sewing Machine

재봉틀의 달인이 되어볼까요

재봉에서 꼭 필요한 파트너인 재봉틀은 옷의 완성도를 크게 좌우하는 중요한 도구입니다.
한 땀 한 땀 깔끔하게 박은 바느질로 완성된 옷이라면 자신있게 입을 수 있지요.
우선 자신의 재봉틀 실력을 파악하는 것과 재봉틀 다루기에 익숙해지는 일이 먼저입니다.
거기에 하나 더, 재봉할 때마다 해야 하는 다림질도 함께 알아봅시다.

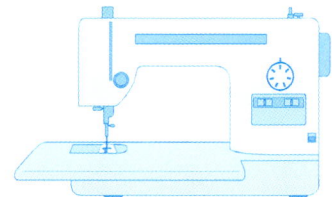

원단에 맞는 재봉 바늘과 재봉실 고르는 법

재봉 바늘과 재봉실은 원단의 두께와 촉감을 기준으로 선택합니다.
원단과 바늘, 실의 궁합이 맞지 않으면 바늘땀이 흐트러지거나 실이 끊기는 원인이 됩니다.
원단에 맞는 재봉 바늘과 재봉실 고르기는 깔끔한 재봉을 위한 중요한 첫걸음입니다.

선택하는 기준

재봉 바늘은 숫자가 클수록 굵기가 두껍습니다. 끝이 부러지거나 구부러진 바늘은 바늘밥이나 뜀땀을 만들뿐만 아니라 재봉틀 고장의 원인이 됩니다. 이상이 생겼을 때 바로 교체할 수 있도록 여분의 바늘을 준비해두면 좋습니다.
재봉실은 바늘과 반대로 숫자가 클수록 굵기가 가늘어집니다. 무명이나 울처럼 원단의 소재에 상관없이 사용할 수 있는 폴리에스테르 실을 추천합니다. 색상이 다양하고 박음질하기 쉽습니다. 보통 윗실과 밑실은 같은 굵기와 색상의 재봉실을 사용합니다.

실 색깔 고르는 법

무지
진한 색의 무지 원단에는 진한 색 실을, 옅은 색의 무지 천에는 옅은 색 실을 골라야 바늘땀이 눈에 띄지 않습니다.

다양한 색을 쓴 무늬의 원단
원단 안에서 가장 많이 쓴 색을 고릅니다. 원단을 살짝 멀리 떨어뜨려 보면 색상이 눈에 잘 들어옵니다.

흰색을 기본으로 하는 무늬의 원단
깅엄체크나 스트라이프 같은 흰색과 다른 색상이 조합된 원단은 흰색 또는 크림색 실을 선택하는 것이 좋습니다.

재봉실 조절하는 법 배우기

재봉을 시작하기 전 반드시 바늘땀 상태 및 크기를 확인합니다.
테스트 박음질은 실제로 사용할 실과 두 장을 겹친 자투리 천을 사용합니다.
깔끔한 점선은 윗실과 밑실이 원단 가운데에 비슷한 힘으로 균형감있게 박히며,
어느 쪽에서 보더라도 반대편 실이 보이지 않습니다.
실의 상태가 나쁠 때 조절하는 법은 재봉틀의 종류에 따라 다르므로 재봉틀 사용설명서를 참조합니다.

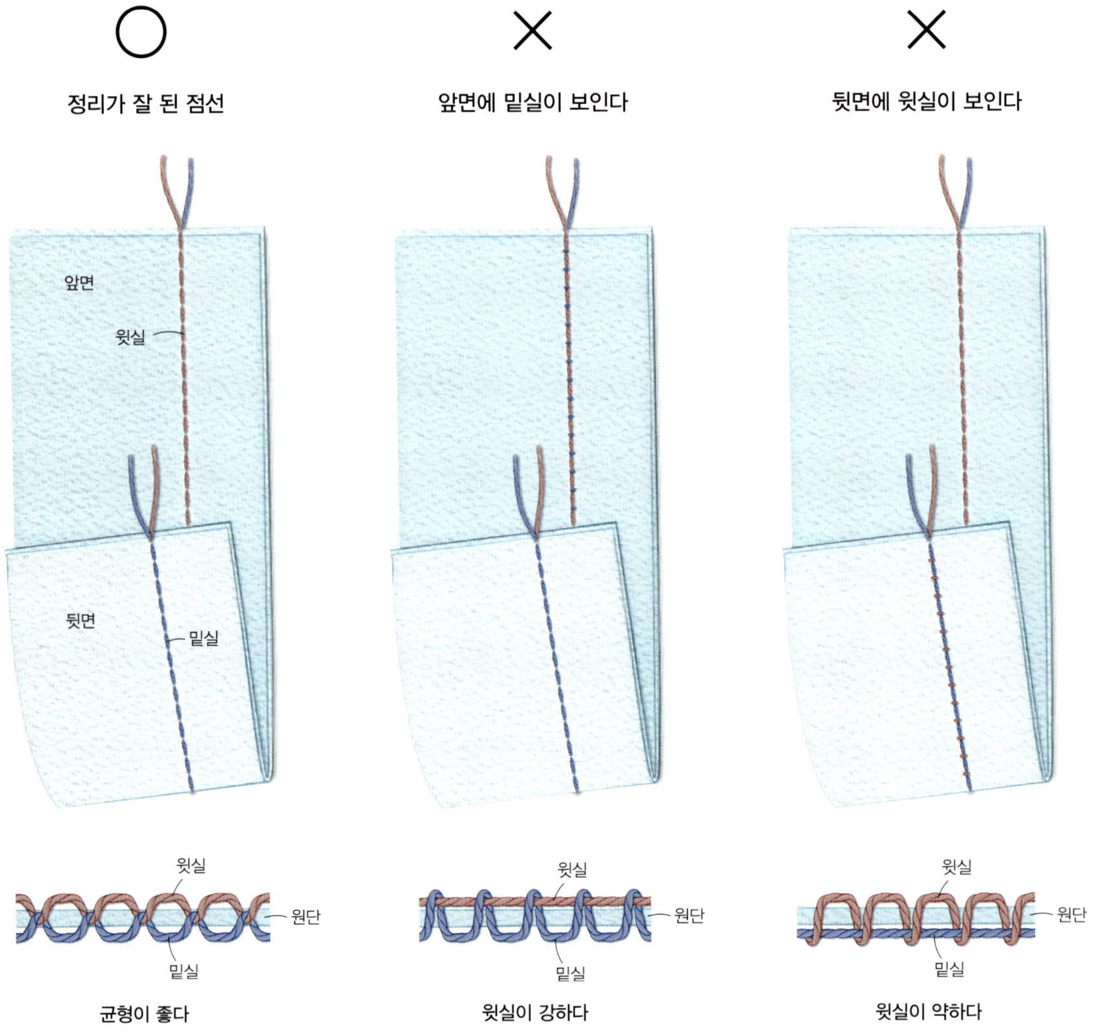

○
정리가 잘 된 점선
앞면
윗실
뒷면
밑실
윗실
원단
밑실
균형이 좋다
×
앞면에 밑실이 보인다
윗실
원단
밑실
윗실이 강하다
×
뒷면에 윗실이 보인다
윗실
원단
밑실
윗실이 약하다

원단이 비뚤어지지 않게 고정하는 법 배우기

재봉을 하기 전, 박음질 위치가 비뚤어지지 않도록 두 장의 원단을 시침질이나 시침핀으로 고정합니다.

시침질로 고정하기

시침실로 가봉하는 것을 '시침질을 하다'라고 합니다. 손이 많이 가지만 울거나 밀리는 현상을 막아 주기 때문에 걱정 없이 재봉할 수 있습니다.

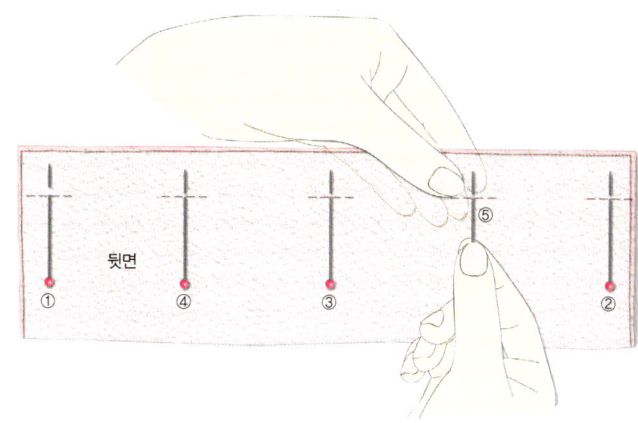

1. 두 장의 원단에 박음질 위치를 맞춰 완성선 위에 시침핀을 꽂아 수직방향으로 원단을 뜹니다. 시침핀은 재봉을 시작하는 부분과 끝나는 부분(①, ②), 중간(③), 또 그 중간(④, ⑤) 순서로 균등하게 고정합니다.

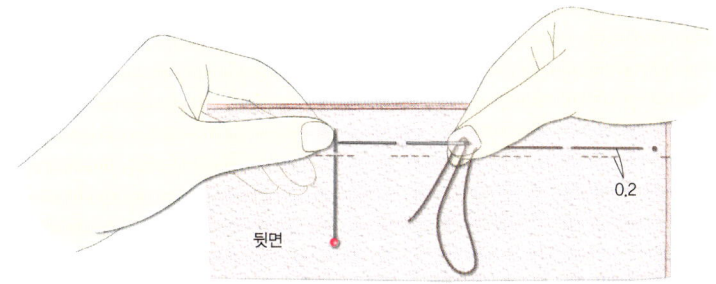

2. 시침질 실은 한 가닥을 사용해 완성선 위에서 0.2cm 떨어진 시접 부분을 꿰맵니다. 원단을 살짝 뜨듯이 바늘땀은 직선에서 1.5~2cm, 곡선에서 1cm 간격으로 바느질합니다. 시침실은 재봉이 끝나면 제거합니다.

시침핀만으로 고정하기

재봉질에 익숙해지면 원단을 시침핀만으로 고정해보세요. 시침질을 하고 다시 제거하는 과정이 생략되어 빠르게 완성할 수 있습니다. 시침핀은 '시침질로 고정하기'와 동일한 방법으로 왼손으로 시침핀을 제거해가며 박음질합니다. 시침핀을 빼기 힘든 경우에는 오른손으로 미리 제거할 수 있도록 시접 부분부터 시침핀을 고정합니다.

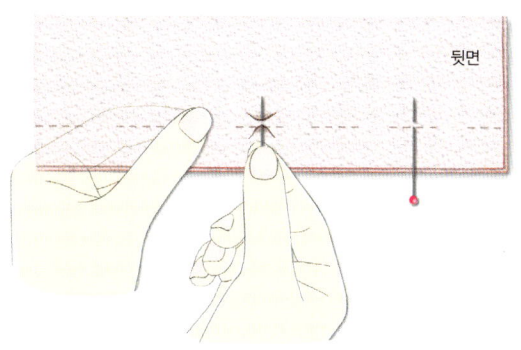

재봉의 핵심 되돌아박기 배우기

되돌아박기는 바늘땀 위로 다시 돌아가 두세 번 박음질하는 것을 말합니다.
되돌아박기를 하지 않으면 원단 가장자리의 바늘땀이 풀리기 때문에 원단을 겹쳐서 바느질할 때는
시작과 끝을 확실히 고정하기 위해 꼭 되돌아박기를 합니다.
재봉은 되돌아박기로 시작해서 되돌아박기로 끝난다는 사실을 기억하세요.

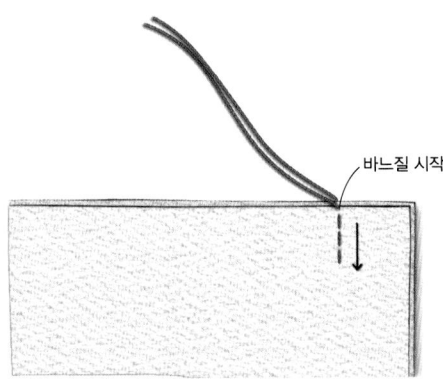

1 윗실과 밑실은 10cm 정도 빼서 노루발 반대편으로 보냅니다. 시작하는 바늘을 내리고, 노루발을 내려 2~4땀 박습니다.

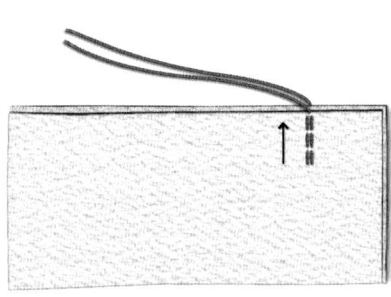

2 바늘땀의 시작 부분으로 되돌아갑니다(그림의 바늘땀은 나란히 있는 것처럼 보이지만 실제 바늘땀은 선 위에 겹쳐집니다).

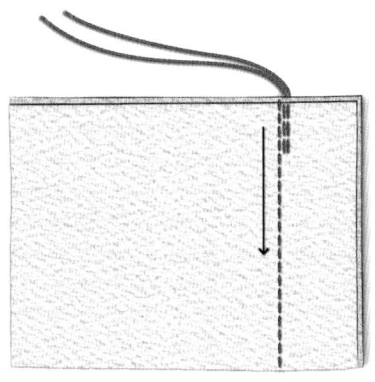

3 시작 부분부터 박음질합니다.

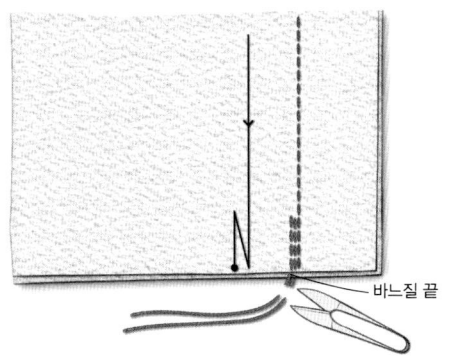

4 마지막 부분까지 박음질했다면 2~4땀 되돌아가 다시 한 번 더 마지막 부분까지 박음질을 합니다. 노루발을 올리고 원단을 재봉틀 반대편으로 당겨 실을 자릅니다.

정성들여 다림질하는 법 배우기

깔끔하게 완성하기 위해서는 재봉을 할 때마다 다림질을 정성들여 해야 합니다.
재봉틀 근처에는 항상 다리미와 다리미판을 준비해두세요.

다림질 포인트

◇ 재봉질을 할 때마다 다림질을 합니다.
◇ 원단 뒷면을 다립니다.
◇ 바늘땀이 가로 방향이 되도록 원단을 놓고, 주로 쓰는 손 방향부터 반대 방향을 향해 다립니다.
◇ 바늘땀을 다릴 때는 다리미의 끝부분부터 측면을 이용해 다립니다.

다림질하는 법

바늘땀을 누릅니다

다림질은 문지르지 말고 누른다는 느낌으로

시접을 벌린다

손가락으로 솔기를 눌러준다

시접 한쪽으로 하기

손가락으로 솔기를 눌러준다

재봉 포인트 직선 박기와 모서리 박기 배우기

재봉에 익숙해지고 싶다면 그만큼 많이 재봉질을 해봐야 합니다.
재봉을 하는 속도 및 원단을 넘기는 방법, 손을 사용하는 방법 등 자신만의 감각을 갖게 될 테니까요.

재봉 포인트

◇ 원단 끝(시접)은 오른쪽에, 넓은 부분은 왼쪽에 두고 평평한 상태에서 박음질합니다.
◇ 바느질 선을 몸의 정면에 놓고 바늘을 보면서 박음질합니다.
◇ 원단을 넘길 때 손은 원단이 꺾이지 않도록 도움만 줄 뿐 잡아당기거나 밀지 않습니다.
◇ 바느질 속도는 최대한 일정하게 유지합니다.
◇ 시침핀으로 원단을 고정했다면 시침핀이 노루발 가까이 오면 재봉을 멈추고 제거한 후 이어서 박음질합니다.

직선 박기

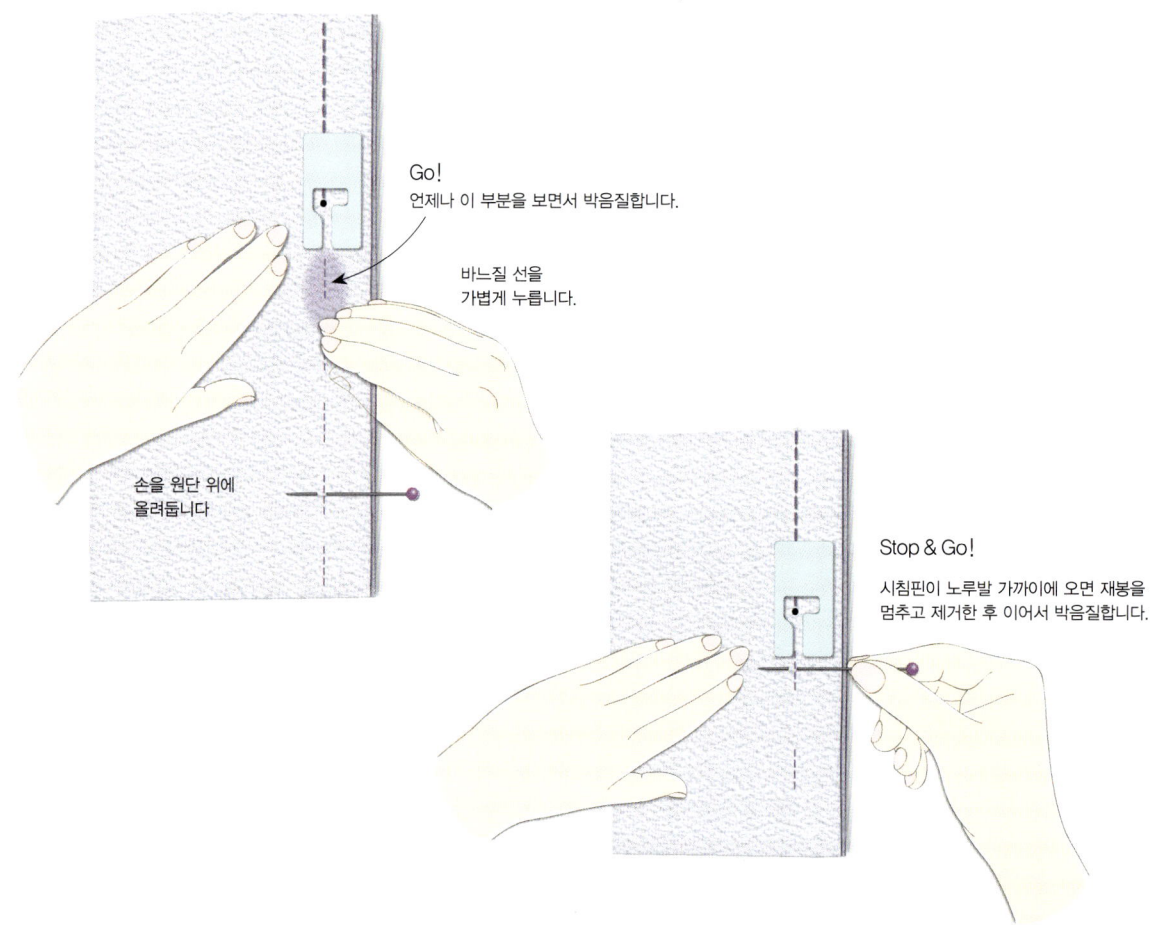

모서리 박기
: 재봉 바늘을 원단에 꽂은 채 방향을 바꿔서 박는다

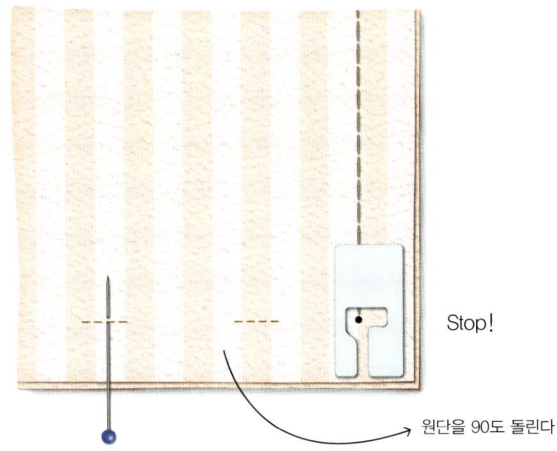

Stop!

원단을 90도 돌린다

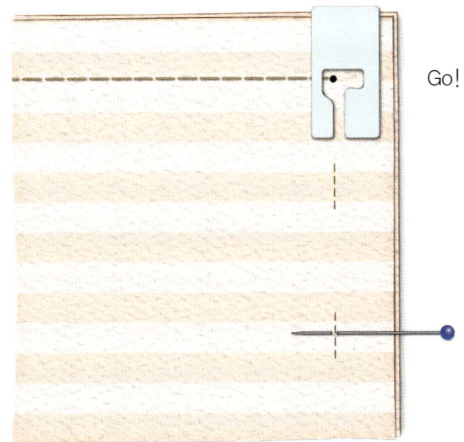

Go!

모서리까지 박음질하고, 재봉틀을 멈춥니다. 바늘이 원단에 꽂혀있는지 바늘 위치를 확인합니다. 바늘이 원단에 꽂혀있지 않으면 다이얼을 돌려 바늘을 내립니다. 노루발을 올려 원단을 90도 돌리고 이어서 박음질할 바느질 선이 몸쪽으로 왔다면 노루발을 내려 계속해서 박음질합니다.

재봉 포인트 곡선 박기와 원통 박기 배우기

곡선 박기
: 조금씩 방향을 바꿔가며 박는다

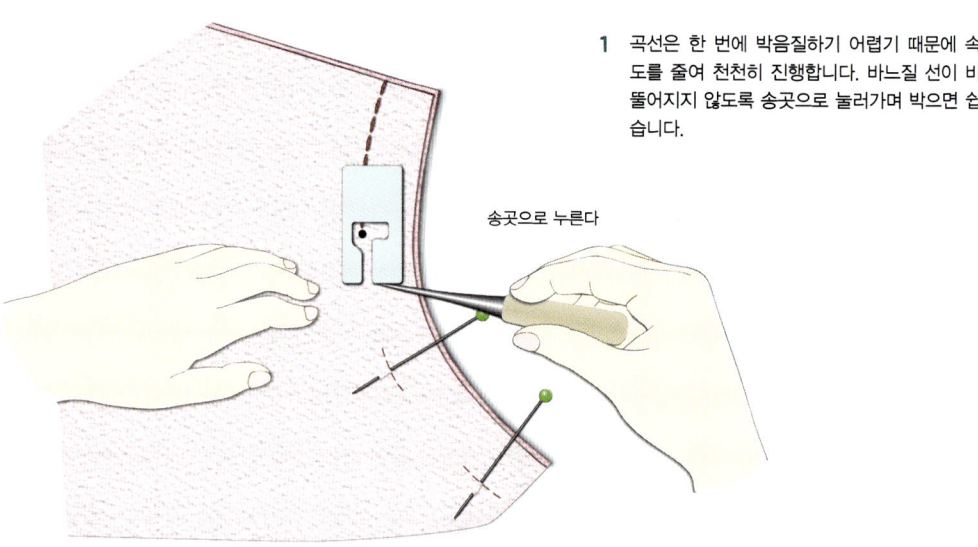

1 곡선은 한 번에 박음질하기 어렵기 때문에 속도를 줄여 천천히 진행합니다. 바느질 선이 비뚤어지지 않도록 송곳으로 눌러가며 박으면 쉽습니다.

송곳으로 누른다

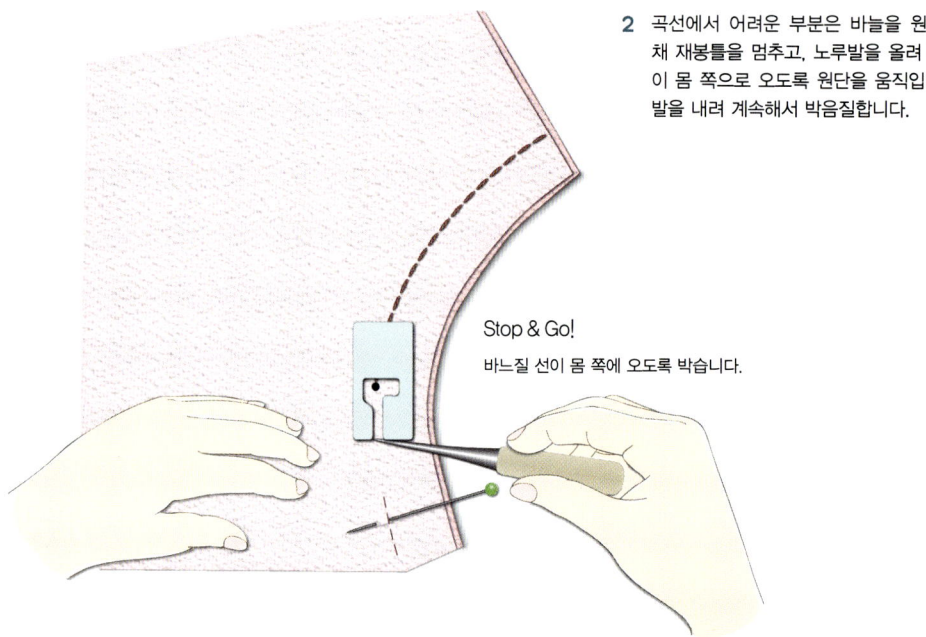

2 곡선에서 어려운 부분은 바늘을 원단에 꽂은 채 재봉틀을 멈추고, 노루발을 올려 바느질 선이 몸 쪽으로 오도록 원단을 움직입니다. 노루발을 내려 계속해서 박음질합니다.

Stop & Go!
바느질 선이 몸 쪽에 오도록 박습니다.

원통 박기
: 입구를 돌려가며 박는다

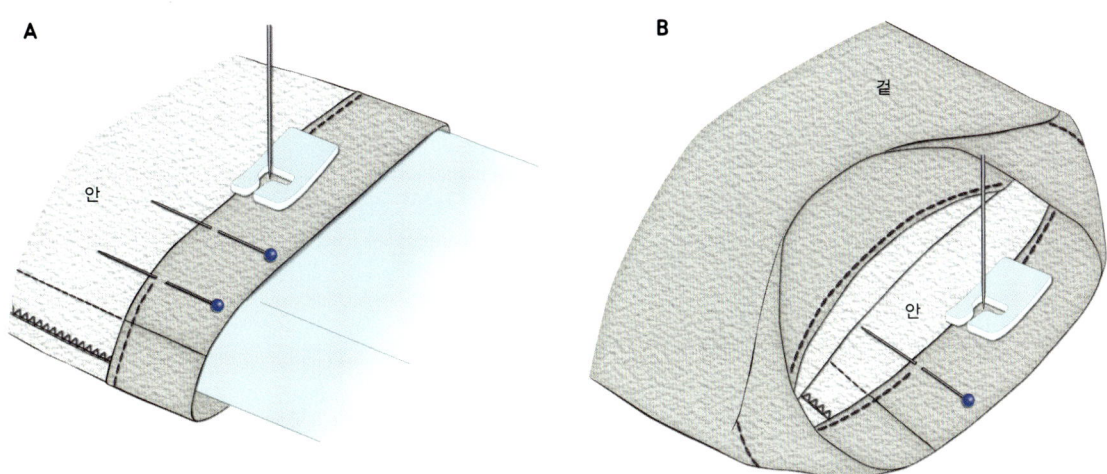

소맷부리나 바짓단 등 원통 모양을 바느질할 때, 테이블의 일부를 분리할 수 있는 재봉틀이라면 A처럼 분리한 부분에 뒤집은 원통을 밀어 넣어 박음질합니다. 또한 테이블이 고정되어 있는 재봉틀의 경우에는 B처럼 원통을 뒤집지 않고 안쪽의 바느질 위치를 잘 살피면서 박음질합니다.

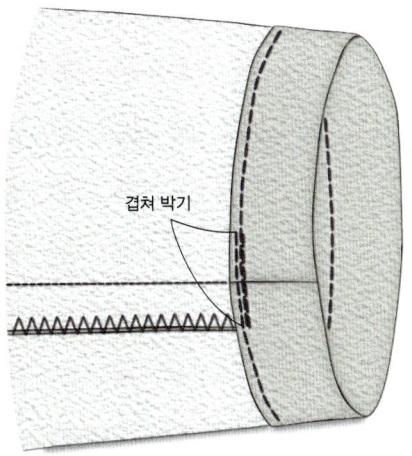

소매 밑이나 바짓가랑이부터 바느질을 시작하며, 되돌아박기는 하지 않아도 됩니다. 바느질이 끝나는 부분은 2~3cm 가량 겹쳐 박고, 실은 원단 쪽에서 잘라 끝냅니다.

Must-Know Basic Techniques

마스터하고 싶은 기본 재봉 배우기

지금부터는 실제로 옷을 만들 때 사용하는 테크닉을 소개합니다.
심플한 원피스 및 스커트를 만들 때 꼭 필요한 재봉 방법을 모았습니다.
예로 들어 다양한 종류의 지퍼와 다는 방법이 있지만 지퍼가 눈에 띄지 않고
초보자라도 실패 없이 달 수 있는 가장 유용한 숨은 지퍼 다는 법을 알려드립니다.

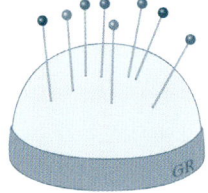

다트 재봉 배우기

가슴이나 허리처럼 신체의 볼륨이 있는 부분이 딱 맞도록 원단의 일부를 집어넣어 박음질하는 다트 재봉법을 배워봅시다.

다트 바느질법

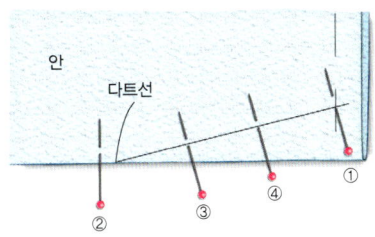

1. 다트선이 겹쳐지도록 원단을 겉끼리 맞대어 접고, 숫자 순서대로 시침핀을 꽂습니다.

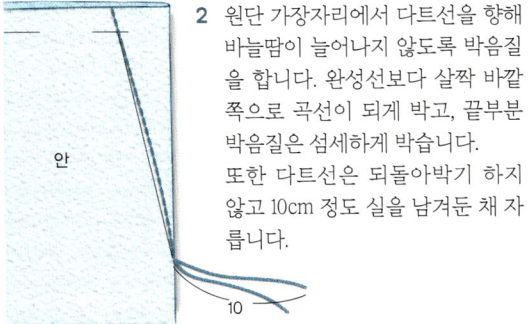

2. 원단 가장자리에서 다트선을 향해 바늘땀이 늘어나지 않도록 박음질을 합니다. 완성선보다 살짝 바깥쪽으로 곡선이 되게 박고, 끝부분 박음질은 섬세하게 박습니다. 또한 다트선은 되돌아박기 하지 않고 10cm 정도 실을 남겨둔 채 자릅니다.

매듭법

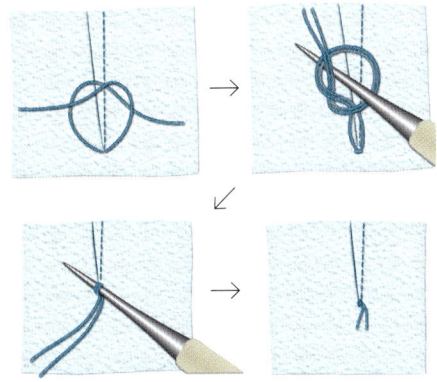

다트선은 남겨둔 실로 한번 묶은 다음, 두 가닥의 실을 같이 묶어 실 고리를 만듭니다. 실 고리 안에 송곳을 넣어 다트선에 매듭이 오도록 실을 당깁니다. 남은 실은 잘라 줍니다.

다트 넘기는 법

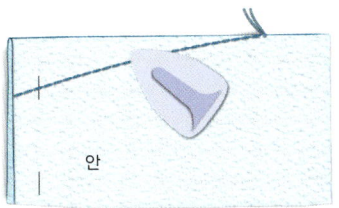

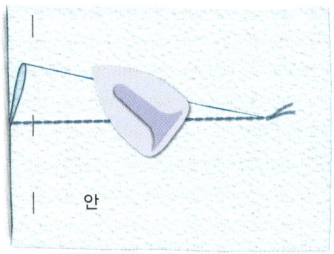

바늘땀을 다림질한 후, 원단을 펼쳐 다트를 한쪽으로 넘겨 다림질합니다.

다트 넘기는 방향

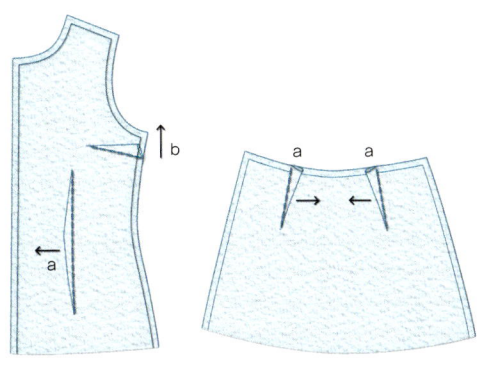

기본적으로 치마나 원피스의 허리 다트(a)는 중심쪽을 향해, 사이드 다트(b)는 위쪽을 향해 다림질합니다.

주름 재봉 배우기

주름은 시접에 굵은 땀으로 박거나 시침질을 한 후 실을 당겨 원단에 잔주름을 잡아줍니다.
주름의 분량이 한쪽으로 치우지지 않고 골고루 흩어져있게 만드는 것이 포인트입니다.
주름이 있는 원피스 절개선 재봉을 자세히 설명하겠습니다.

맞대는 법

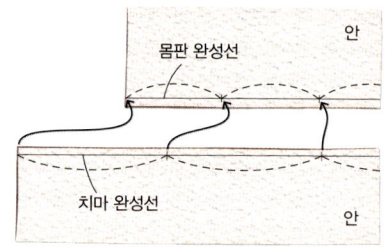

1. 몸판과 치마를 각각 같은 숫자로 나누어 맞춤점을 표시합니다. 재봉 치수가 길면 맞춤점 표시도 늘어나기 때문에 조금 더 쉽게 재봉할 수 있습니다.

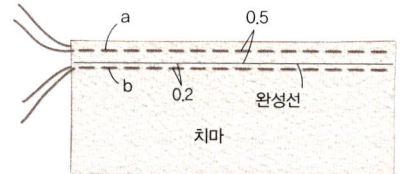

2. 치마의 완성선을 사이에 두고 굵은 땀으로(한 땀이 0.4~0.5cm 정도 바늘땀)을 a, b에 2줄 박습니다.

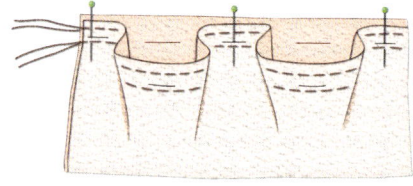

3. 몸판과 치마를 겉끼리 맞대어 접고 맞춤점에 맞춰 시침핀으로 고정합니다. 이때 원단이 뜨는 부분이 주름 분량이 됩니다.

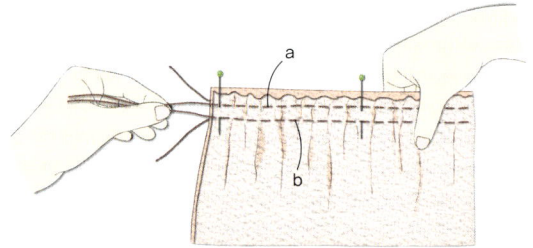

4. 굵은 땀으로 박은 a, b의 윗실 또는 밑실 2줄을 잡고, 조금씩 당겨가며 몸판과 비슷해질 때까지 주름을 잡습니다.

재봉하는 법

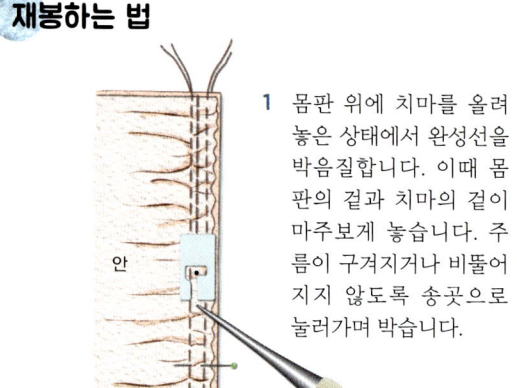

1. 몸판 위에 치마를 올려놓은 상태에서 완성선을 박음질합니다. 이때 몸판의 겉과 치마의 겉이 마주보게 놓습니다. 주름이 구겨지거나 비뚤어지지 않도록 송곳으로 눌러가며 박습니다.

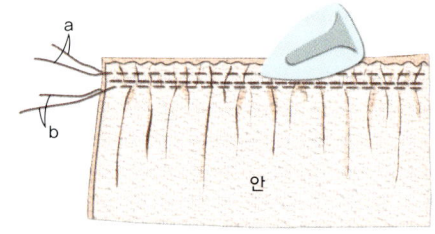

2. b의 실은 제거하고, a의 실은 그대로 둡니다. 주름 부분 시접에 다림질을 합니다.

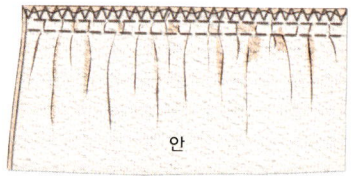

3. 시접에 지그재그 박음질을 하고, 다리미로 시접을 다립니다.

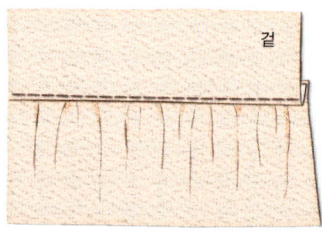

4. 겉의 완성선 위를 박음질합니다.

턱 재봉 배우기

턱은 원단의 일부를 접거나 꿰매 주름처럼 만드는 것으로 치마나 바지의 허리 부분에 자주 사용합니다.
턱을 넣는 방향과 턱 재봉법을 배워봅시다.

턱을 넣는 방향

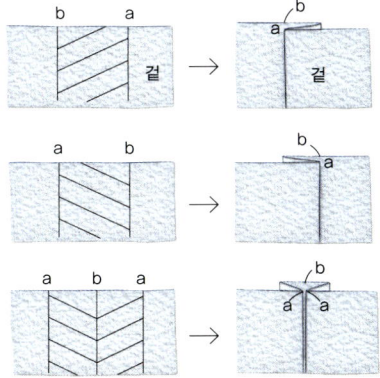

패턴에서 사선 기호는 턱의 분량을 표시하지만, 실제로는 접히는 부분이기 때문에 겉으로 드러나지 않습니다. 사선 높은 쪽(a)에서 낮은 쪽(b)으로 원단을 접으라는 표시입니다.

접기만 하는 턱

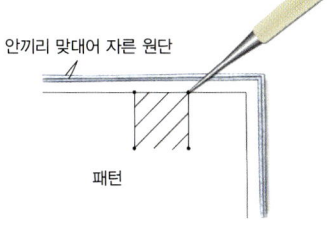

1 턱은 표면을 보고 접기 때문에 턱의 위치를 알 수 있도록 송곳으로 찔러 표시합니다.

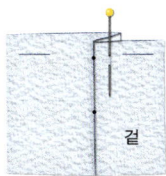

2 사선 높은 쪽에서 낮은 쪽으로 겹쳐 접어 시침핀으로 고정합니다.

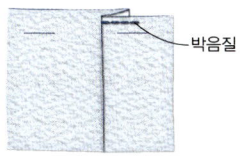

3 시접에 박음질을 해 턱을 고정합니다.

재봉 끝 점이 있는 턱

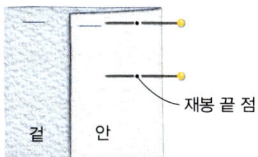

1 턱이 겹쳐지도록 원단을 안쪽으로 접어 시침핀으로 고정합니다.

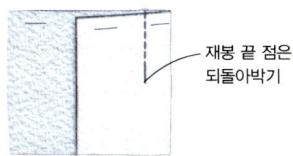

2 상단에서 재봉 끝 점이 있는 부분까지 되돌아박기로 고정합니다.

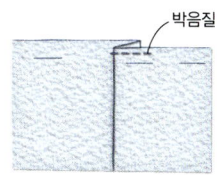

3 겉에서 봤을 때 턱을 사선 위에서 아래로 넘겨 박음질로 고정합니다.

스티치 하는 법

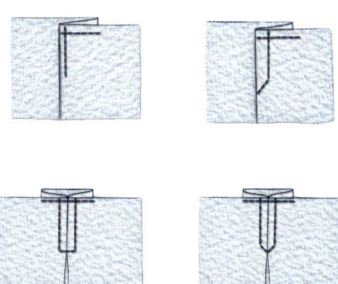

시접처리하는 법 배우기

원단을 합쳐 박음질한 이후, 안에 보이는 시접이 풀리는 것을 방지하고 깔끔하게 정돈하는 방법을 배워봅시다.
다양한 방법 중 원단과 용도에 맞춰 선택하도록 합니다.

가름솔

시접을 좌우로 나누듯 다림질하는 방법. 보통 원단부터 두꺼운 원단까지 자주 사용하는 기본 방법입니다.

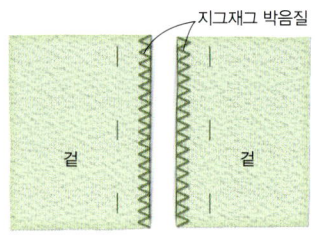

1 박음질하기 전에 원단 가장자리를 지그재그로 박습니다.

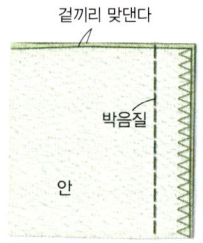

2 원단을 겉끼리 맞대어(두 장의 원단 겉면을 안쪽에서 합치는 것) 완성선을 박습니다.

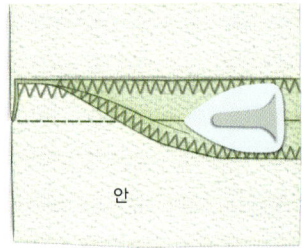

3 원단을 펼치고 시접을 벌려 다림질을 합니다.
(다림질 하는 법 → p.9)

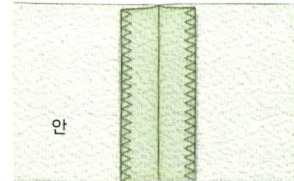

4 완성(안)

외솔

시접을 한쪽으로 넘겨 다림질하는 방법. 일반적으로 얇은 원단부터 보통 원단에 적합하고 가볍게 완성하고 싶을 때 주로 사용합니다.

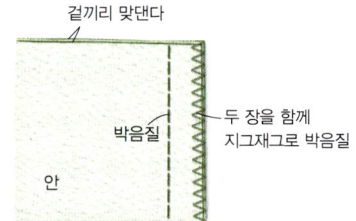

1 원단을 겉끼리 맞대어 완성선을 박고, 시접을 함께 지그재그로 박음질합니다.

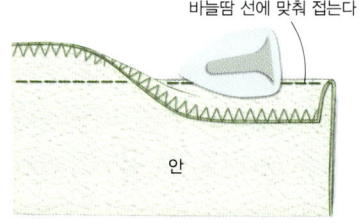

2 시접을 두 장 모두 바늘땀 선에 맞춰 접습니다.

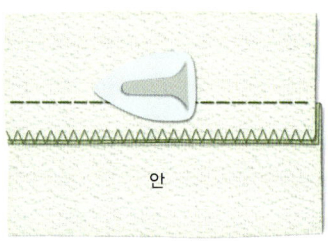

3 시접을 넘긴 상태에서 원단을 펼친 다음 다리미로 바늘땀을 누릅니다.

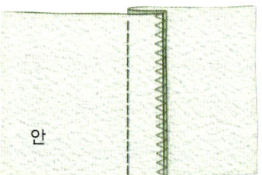

4 완성(안)

통솔

원단 가장자리가 풀어지지 않도록 이중으로 박음질하고, 안쪽의 원단 가장자리를 감싸는 방법. 얇은 원단이나 풀어지기 쉬운 천에 사용하면 좋습니다.

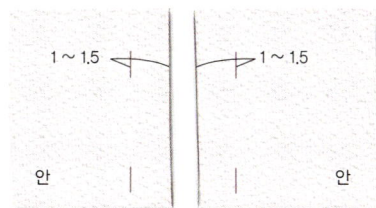

1 원단 가장자리를 꿰매기 위해 시접은 1~1.5cm 정도로 자릅니다.

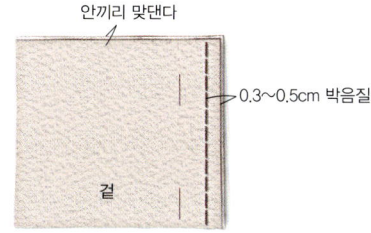

2 원단을 안끼리 맞대어(두 장의 원단 표면을 바깥쪽에서 합치는 것) 원단의 가장자리에서 0.3~0.5cm 떨어진 부분을 박음질합니다.

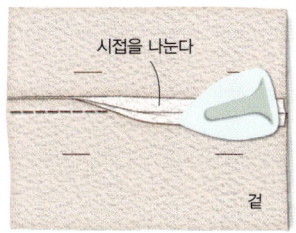

3 원단을 펼치고 시접을 벌려 다림질합니다.

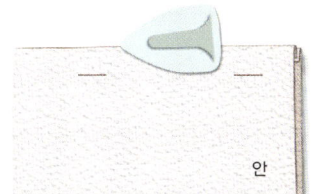

4 원단을 겉끼리 맞대어 바늘땀을 접은 상태에서 다리미로 누릅니다.

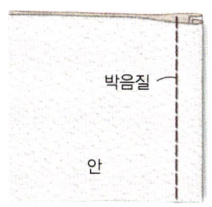

5 완성선을 박습니다.

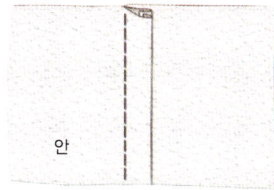

6 시접을 한쪽으로 넘겨 다림질합니다. 완성(안)

뉨솔

스티치로 강조하고 싶을 때 사용하는 방법으로 한쪽으로 넘긴 시접을 박음질하기 때문에 튼튼하게 완성할 수 있습니다. 캐주얼한 디자인에 많이 씁니다.

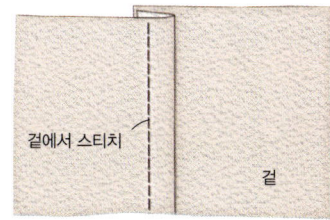

1 18페이지의 외솔을 참조하여 1~4 순서로 시접을 한쪽으로 넘겨 겉에서 박음질합니다. 스티치 폭은 시접을 넘기지 않습니다.

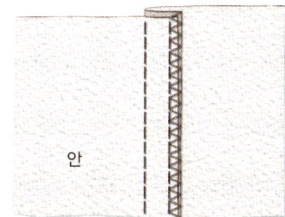

2 완성(안)

접단 마무리하는 법 배우기

밑단이나 소맷부리, 주머니 입구 등을 접어 올린 부분이나 그 시접을 접단이라고 합니다. 지그재그로 박은 후 접단을 마무리하는 방법을 배워봅시다.

[한 번 접기] 원단 가장자리를 한 번 접어 박음질하거나, 안쪽을 감침질합니다.
간단하게 완성할 때 사용하는 방법입니다.

곡선으로 접는 법

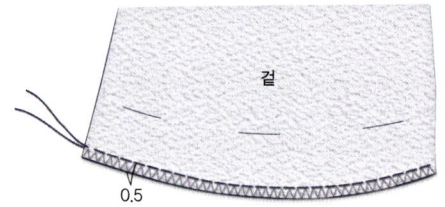

1 가장자리를 지그재그로 박은 후, 가장자리부터 0.5cm 정도 떨어진 부분을 굵은 땀으로 박습니다. 재봉 시작점과 마지막 점의 실은 넉넉하게 남겨둡니다.

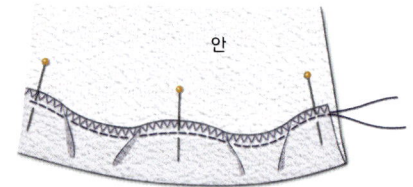

2 안쪽 원단을 위로 놓은 후 완성선을 접어 올려 시침 핀으로 고정합니다.

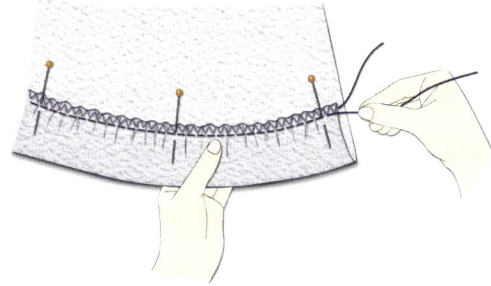

3 굵은 땀의 실 한 가닥을 잡아 당겨 접단이 뜨지 않고 곡선이 되도록 주름을 만듭니다.

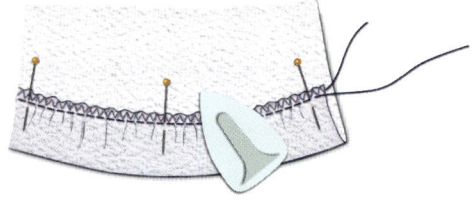

4 주름을 눌러주며 다림질합니다.

박음질하기

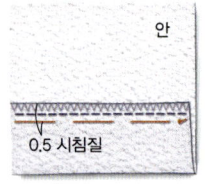 

원단의 가장자리에서 0.5cm 안쪽으로 시침질을 하고, 겉에서 시침질한 선을 박아줍니다.

감침질하기

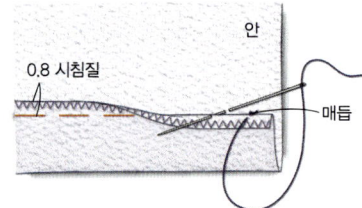

1 원단의 가장자리에서 0.8cm 안쪽으로 시침질하고, 원단 가장자리를 앞쪽으로 접습니다. 감침질을 할 때는 겉단을 살짝 들어 접단에서 바늘을 빼 실을 당깁니다.

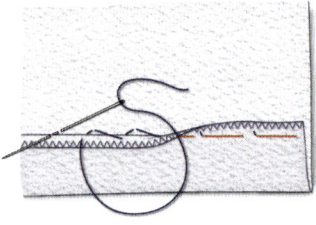

2 반복해서 실시합니다. 실이 팽팽하게 당겨지지 않도록 느슨하게 감습니다.

[두 번 접기]

원단 가장자리를 2번 접어 박음질을 하거나 감침질로 매듭을 짓습니다.
박음질을 하기 전에는 다리미로 확실하게 접습니다.

접는 법

1 원단의 안쪽에 시접자 1cm 폭의 눈금에 가장자리를 맞춘 다음 헤라 또는 초크로 선을 긋습니다. 헤라로 그어놓으면 원단에 가벼운 선이 생기기 때문에 나중에 접기 쉽습니다.

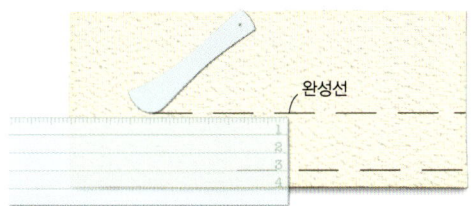

2 완성선을 헤라 또는 초크로 표시합니다.

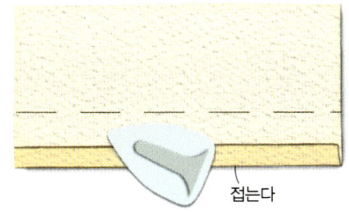

3 1에서 표시한 부분을 접어 다림질합니다.

4 2에서 표시한 부분을 접어 다림질합니다.

박음질하기

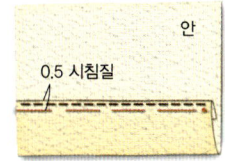 

원단의 가장자리에서 0.5cm 안쪽으로 시침질을 하고, 겉에서 시침질한 선을 박아줍니다.

감침질하기

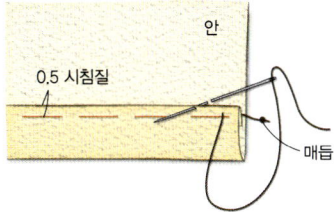

1 처음 접은 선에서 0.5cm 안쪽으로 시침질을 하고, 바늘을 접은 선 안쪽으로 넣어 감침질합니다.

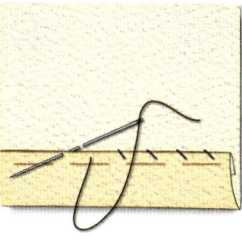

2 1보다 0.1cm 원쪽으로 겉단을 살짝 들어 올리면서 접은 선 안쪽으로 바늘을 빼 실을 당깁니다. 이 과정을 반복합니다.

박아서 뒤집는 법 배우기

셔츠 칼라나 목둘레 등 두 장의 재료를 겉끼리 맞대어 박음질한 후 뒤집을 때 박음질한 라인을 깔끔하게 완성할 수 있는 방법을 배워봅시다.

🔵 셔츠 칼라

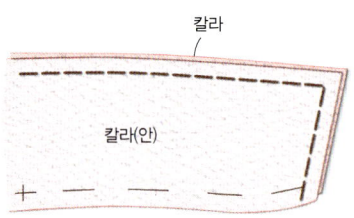

1 칼라를 겉끼리 맞대어 완성선에 박음질합니다.
 (모서리 박기 → p.11)

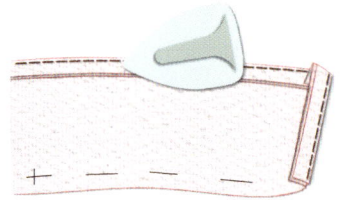

2 시접은 두 장을 함께 박음선에서 접어 바늘땀을 따라 다림질합니다.

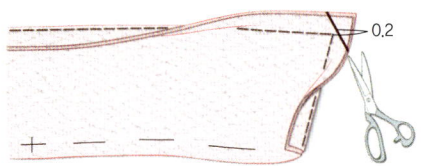

3 칼라 끝부분의 시접을 펼쳐, 모서리를 대각선으로 자릅니다.

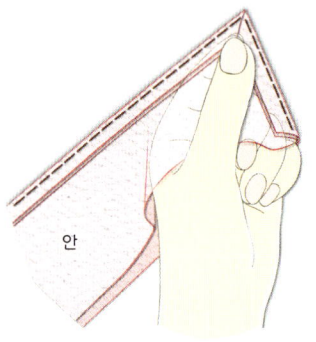

4 칼라 가운데에 손을 넣어 끝부분의 시접을 엄지와 검지손가락으로 누른 상태에서 겉으로 뒤집습니다.

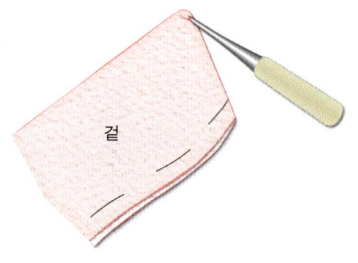

5 칼라 끝부분 바늘땀에 송곳을 찔러 넣어, 시접을 조금씩 끄집어내듯 정리합니다.

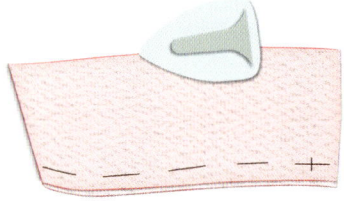

6 다리미로 칼라 주변을 다려줍니다.

스퀘어 넥

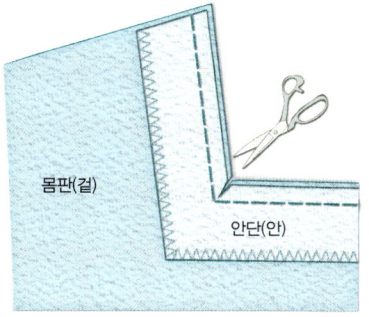

1. 몸판과 안단을 겉끼리 맞대어 목둘레선을 박은 후(모서리 박기 → p.11), 모서리 시접에 사선으로 가위집을 냅니다.

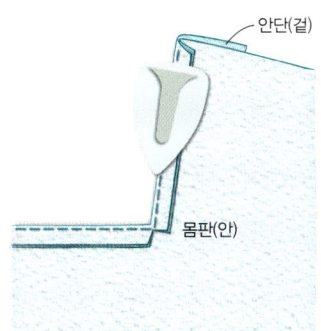

2. 시접은 두 장을 함께 박음선에서 접어 바늘땀을 다림질합니다.

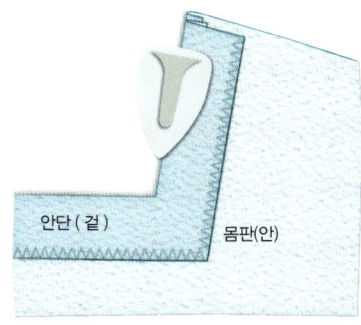

3. 안단을 겉으로 뒤집어 다림질합니다.

라운드 넥

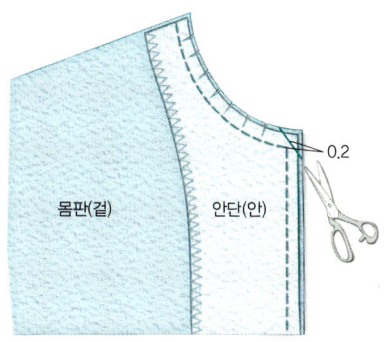

1. 몸판과 안단을 겉끼리 맞대어 목둘레선과 몸판 끝선을 박습니다(곡선 박기 → p.12). 목둘레선의 시접에 1~1.5cm 간격으로 가위집을 넣고 모서리는 대각선으로 자릅니다. 목둘레선의 시접이 울면 시접을 0.5cm로 자릅니다.

2. 시접은 두 장을 함께 박음선에서 접어 바늘땀을 다림질합니다.

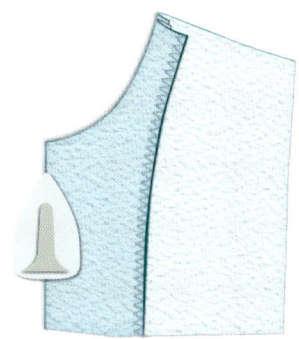

3. 안단을 겉으로 뒤집어 다림질합니다.

바이어스테이프로 마감하는 법 배우기

목둘레선이나 진동둘레의 가장자리를 안단 대신 바이어스테이프로 재봉하는 방법을 배워보세요.
원단을 바이어스테이프로 사용할 수 없는 경우에는 시중에서 살 수 있는 바이어스테이프를 사용해도 좋습니다.
이 방법을 자주 사용하는 노슬리브 소맷부리를 예로 들어 설명하겠습니다.

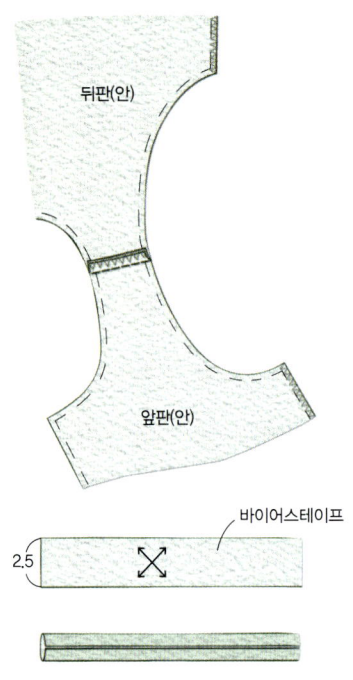

1 몸판과 어깨를 박음질합니다. 바이어스테이프는 시접을 접어 다림질합니다(양쪽 접기 바이어스테이프 → p.28).

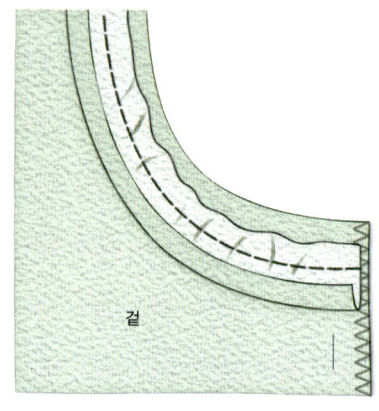

3 완성선을 박음질합니다(곡선 박기 → p.12)

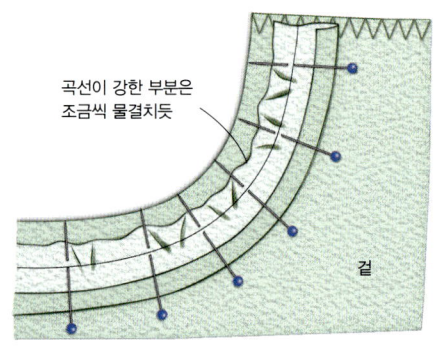

2 바이어스테이프는 한쪽 시접을 펴서 몸판과 겉끼리 맞대어 시침핀으로 고정합니다. 이때 진동둘레의 곡선을 따라 바이어스테이프 바깥쪽을 몸판에 자연스럽게 붙이는 것이 포인트입니다.

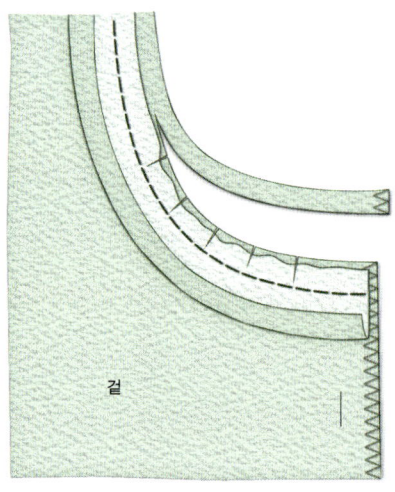

4 바이어스테이프 시접에 맞춰 몸판의 시접을 자릅니다. 곡선이 강한 부분은 시접에서 1~1.5cm 간격으로 가위집을 냅니다.

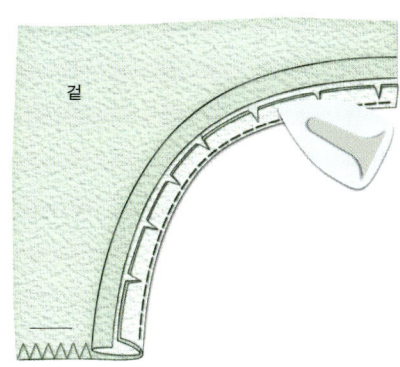

5 시접은 두 장을 함께 박음선에서 접어 바늘땀을 다림질 합니다.

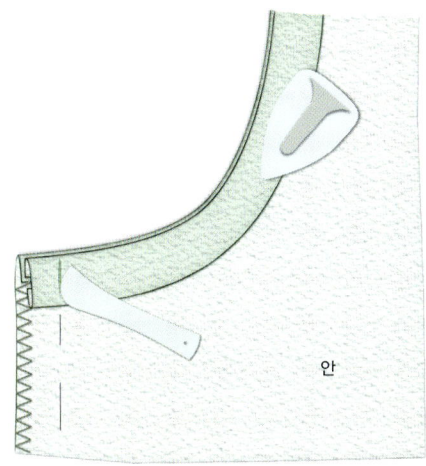

6 바이어스테이프를 몸판 안쪽으로 뒤집어 다림질하고, 옆솔기선을 헤라 또는 초크로 표시합니다.

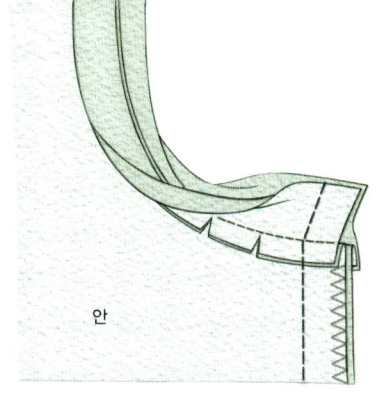

7 앞판과 뒤판을 겉끼리 맞대고 옆선과 바이어스테이프를 이어서 박습니다.

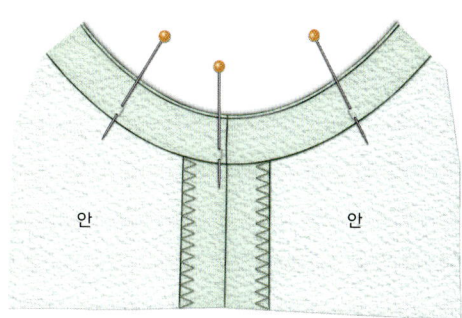

8 옆선 시접은 가름솔하여 다리고 진동둘레를 정리합니다.

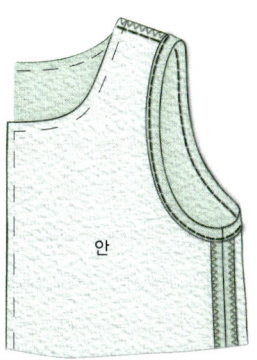

9 바이어스테이프 가장자리를 박음질합니다. 재봉을 시작하는 부분과 끝나는 부분의 바늘땀은 진동둘레 아래에서 겹쳐지도록 합니다.

바이어스테이프로 장식하는 법 배우기

원단 가장자리를 바이어스테이프로 감싸서 재봉을 해 장식하는 기술을 배워봅시다.
디자인을 강조할 때 사용하므로 박음질 라인이 깔끔하게 완성될 수 있도록 도전해 보세요.

준비할 바이어스테이프

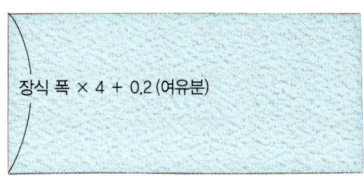

바이어스테이프는 네 번 접어서 준비합니다. 28페이지를 참조하여 양쪽 접기 바이어스테이프를 만들었다면 다리미로 절반을 접습니다.

바깥 곡선 장식

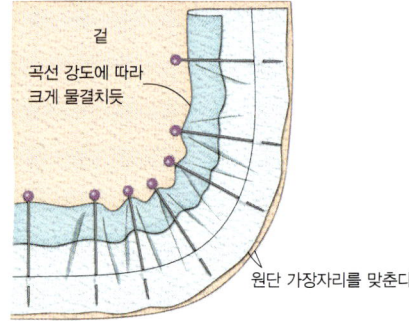

1 바이어스테이프는 한쪽 시접을 펴서 몸판과 겉끼리 맞대어 가장자리를 가지런히 맞춰 시침핀으로 고정합니다.

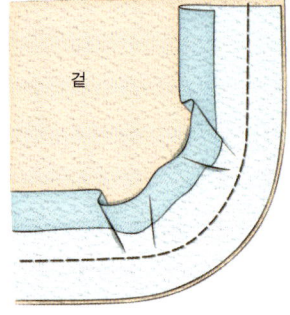

2 바이어스테이프의 접음선을 박음질합니다.

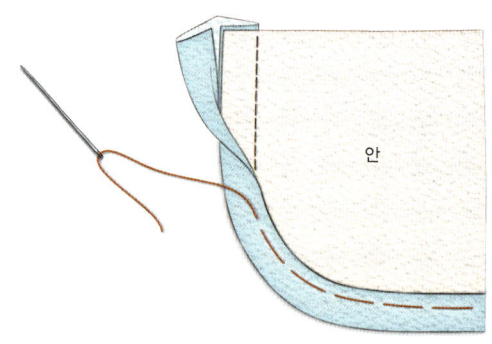

3 바이어스테이프로 몸판의 가장자리를 감싸듯 안으로 뒤집어 시침질합니다.

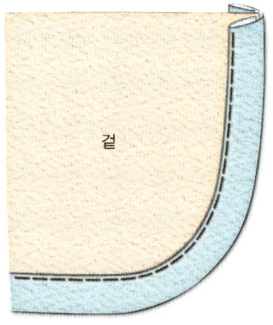

4 몸판의 겉면을 보고 바이어스테이프 가장자리에 박음질합니다.

안쪽 곡선 장식

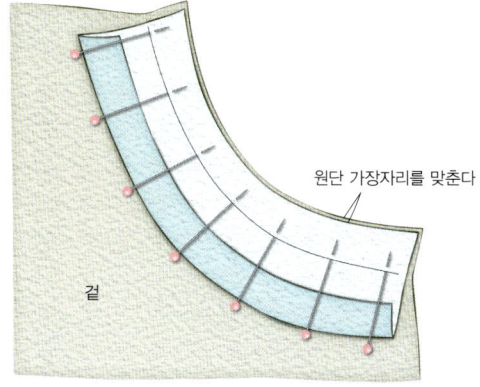

1. 바이어스테이프는 한쪽 시접을 펴서 몸판과 겉끼리 맞대어 가장자리를 가지런히 맞춰 시침핀으로 고정합니다. 이때 바이어스테이프의 시접을 살짝 늘린다는 느낌으로 고정합니다.

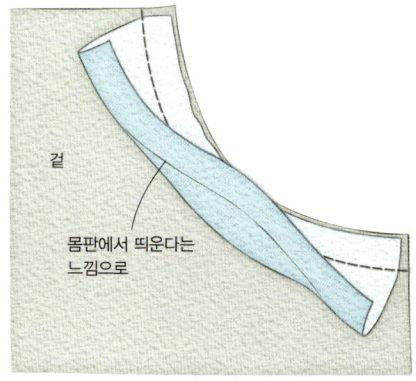

2. 바이어스테이프 접음선을 박음질합니다.

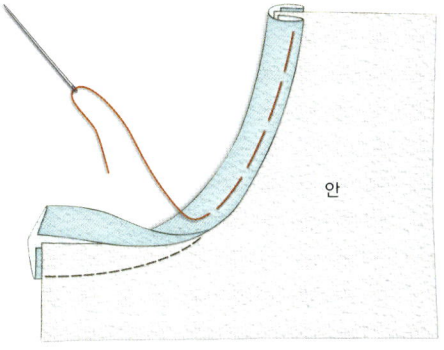

3. 바이어스테이프로 몸판의 가장자리를 감싸듯 안으로 뒤집어 시침질합니다.

4. 몸판의 겉면을 보고 바이어스테이프 가장자리에 박음질합니다.

박음선을 감추고 싶을 때

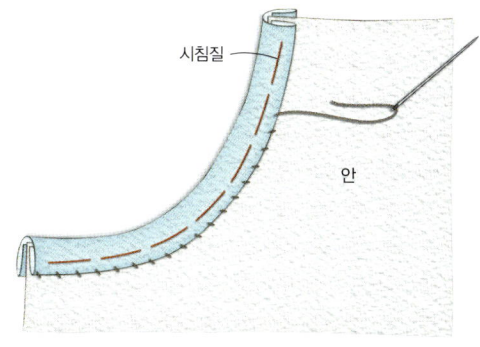

3의 시침질을 하고 난 후 안쪽에서 감침질합니다. 그러면 겉에서 박음선이 보이지 않아 깔끔하게 마무리할 수 있습니다.

바이어스테이프 만드는 법 배우기

원단을 45도 방향으로 잘라서 길게 이어 붙여 바이어스테이프 만드는 방법을 알아봅니다.
잘 늘어나기 때문에 곡선에 사용하기 쉽다는 장점이 있습니다.

재단하는 법

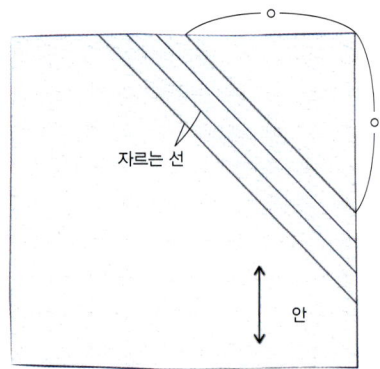

원단(전처리 하는 법 → p.53)의 모서리에서 45˚ 방향으로 사선을 그립니다. 이 선을 기준으로 필요한 폭만큼 벌려 평행선을 그립니다. 자를 때는 삐뚤빼뚤해지지 않도록 반듯하게 자릅니다.

길게 잇는 법

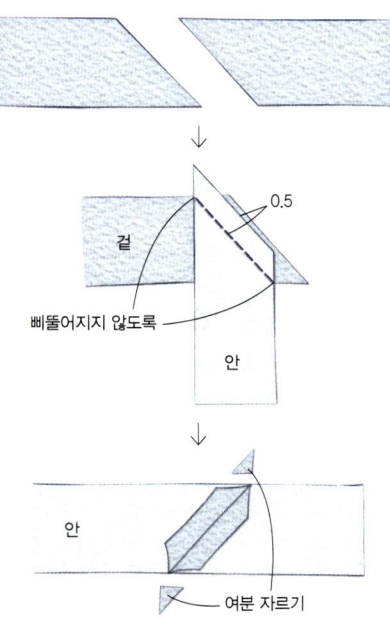

바이어스테이프를 그림처럼 겉끼리 맞대어 잘라냅니다. 박음질한 후 가름솔로 다려주고 튀어나온 여분은 잘라냅니다.

양쪽 접기 바이어스테이프

1 바이어스테이프를 안끼리 마주보게 반으로 접습니다. 다리미는 문지르지 말고 누른다는 느낌으로 다립니다.

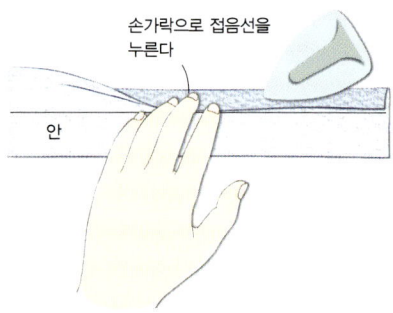

2 접었던 바이어스테이프를 펼치고 한쪽 가장자리를 접음선에 맞춰 접어가며 다리미로 누릅니다.

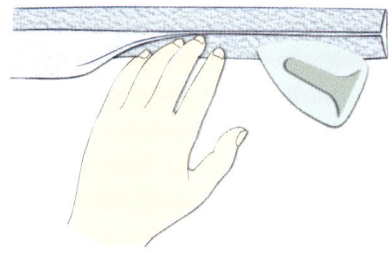

3 다른 한쪽도 동일하게 접어 다립니다.

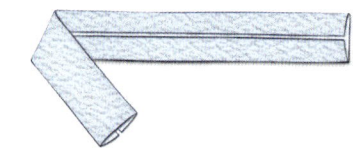

4 완성.

끈 만드는 법 배우기

옷을 만들거나 에코백을 만들 때 종종 사용하는 끈을 빠르게 완성할 수 있는 방법을 배워봅시다.

폭이 넓은 끈

······원피스 또는 앞치마 등의 허리를 묶는 끈, 에코백 끈

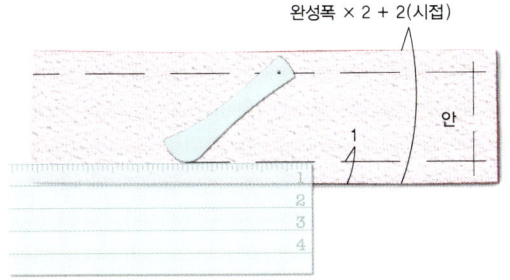

1 필요한 폭으로 자른 원단의 안쪽을 위로 오게 놓고, 시접자 1cm 폭의 눈금선에 원단 가장자리를 맞춰 헤라 또는 초크로 표시합니다. 표시한 선은 접을 선이기 때문에 나중에 쉽게 접을 수 있습니다.

2 표시한 선을 접어 다림질합니다.

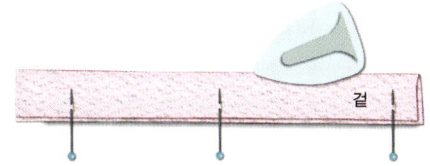

3 2를 반으로 접어 다림질합니다.

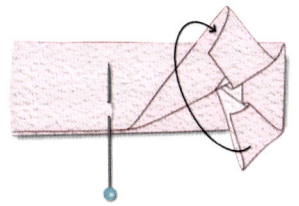

4 모서리를 깔끔하게 정돈하기 위해 아래쪽 시접의 가장자리를 위쪽 안으로 집어넣습니다.

5 'ㄷ'자 모양으로 가장자리를 박음질합니다.

폭이 1cm 이하인 가는 끈

······원피스의 허리나 밑단, 목둘레 등을 조이는 끈

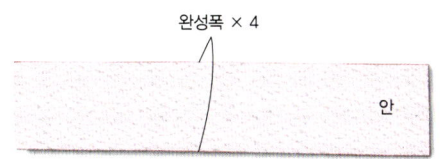

1 완성 폭의 4배가 되는 원단을 준비합니다.

2 바깥쪽으로 절반을 접습니다.

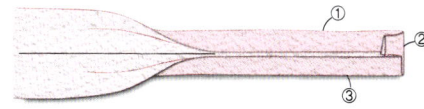

3 다시 원단을 펼쳐 2의 주름을 기준으로 위아래 가장자리를 접습니다.

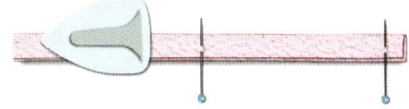

4 3을 안끼리 맞대어 반으로 접은 다음 다림질합니다. 모서리 시접은 '폭이 넓은 끈'의 4와 동일하게 집어넣습니다.

5 가장자리를 박음질합니다.

숨은 지퍼 다는 법 배우기

숨은 지퍼는 콘솔 지퍼라고도 하는데 겉에서 지퍼가 보이지 않기 때문에 원피스나 치마 등에 많이 사용합니다.
완성 치수보다 3cm 이상 긴 것으로 준비하며, 박음질을 한 후에 남은 부분은 잘라줍니다.
박음질을 할 때 숨은 지퍼 전용 노루발로 바꿔서 사용하세요.

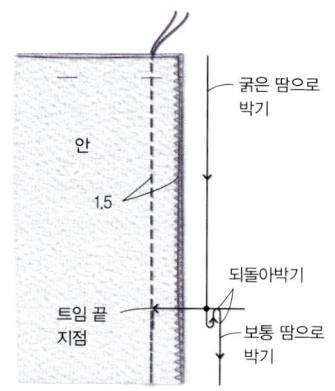

1. 원단을 겉끼리 맞대고 상단 가장자리에서 트임 끝 지점까지(지퍼를 달 위치)는 굵은 땀(0.4~0.5cm 정도의 바늘땀)으로 박습니다. 트임 끝 지점 아래는 보통 땀으로 바꿔 계속해서 박음질합니다.

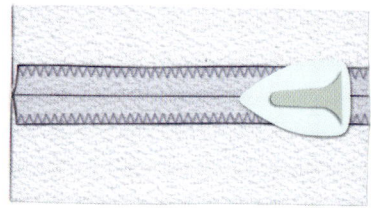

2. 가름솔로 다림질합니다.

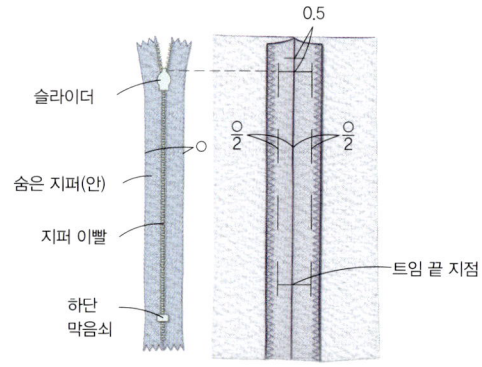

3. 초크 펜슬로 숨은 지퍼 폭과 지퍼 슬라이더 상단, 트임 끝 지점을 표시합니다.

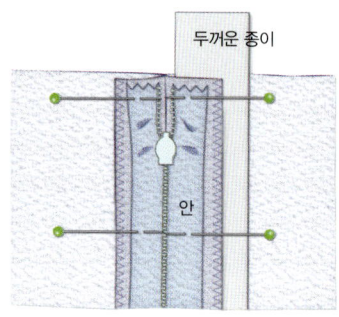

4. 지퍼를 3의 표시에 맞춰 놓습니다. 원단과 시접 사이에 두꺼운 종이를 넣고, 지퍼와 시접을 시침핀으로 고정합니다.

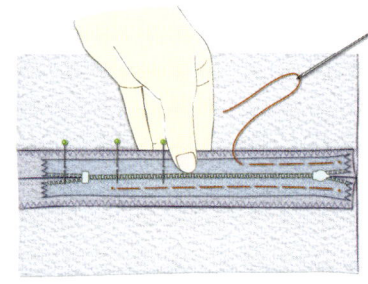

5. 시접과 지퍼를 트임 끝 지점까지 시침질로 고정합니다.

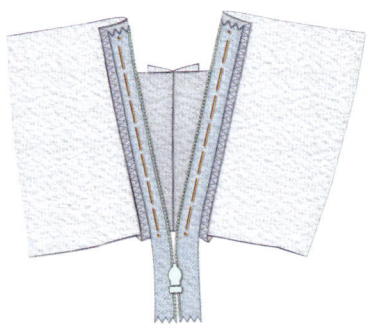

6. 굵은 땀으로 박았던 실은 송곳이나 실뜯개를 사용해 뜯어내고, 슬라이더를 트임 끝 지점보다 밑까지 내립니다.

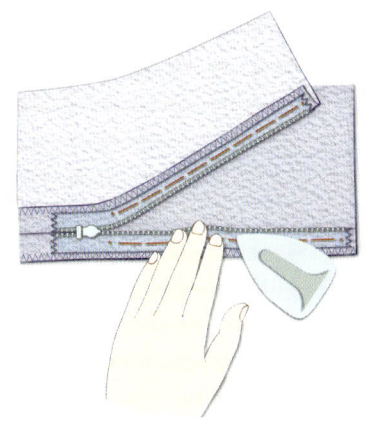

7 동그랗게 움츠려든 지퍼 이빨 부분을 펼치듯이 손가락으로 눌러가며 다리미를 중간 온도로 놓고 다립니다.

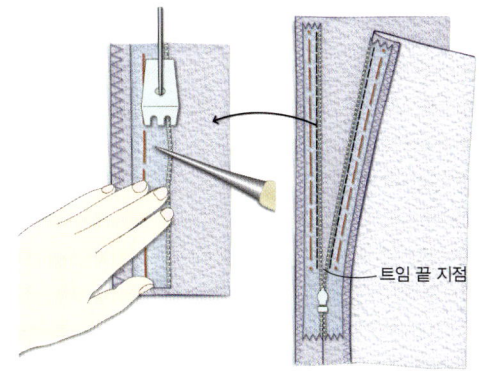

9 반대편도 8번과 동일하게 박습니다.

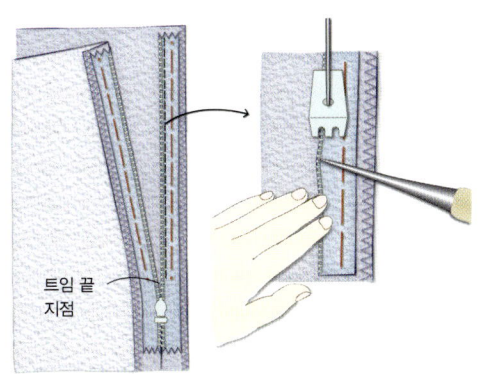

8 여기서 재봉틀의 노루발을 숨은 지퍼 전용 노루발로 교체합니다. 노루발 홈에 지퍼 이빨을 넣어 트임 끝 지점까지 박음질합니다. 이때 손가락과 송곳을 이용해 지퍼 이빨이 노루발 홈에 잘 들어가도록 눌러줘야 쉽게 박음질할 수 있습니다.

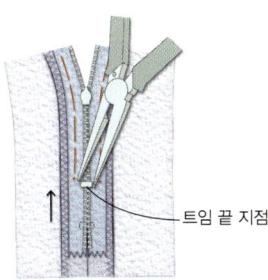

10 슬라이더를 위로 올립니다. 하단 막음쇠는 트임 끝 지점까지 이동시켜 움직이지 않도록 펜치로 조입니다.

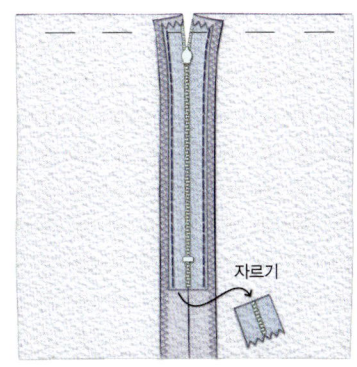

11 트임 끝 지점에서 아래쪽 지퍼까지의 길이가 길다면 2~3cm 정도 여유분을 남기고 자릅니다. 노루발을 박음질용으로 교체하여 지퍼 가장자리를 박습니다. 시침실은 제거합니다.

목둘레선을 안단으로 처리하는 법 배우기

원피스나 상의에 숨은 지퍼를 달고, 목둘레선을 안단으로 처리하는 방법을 예로 들어 설명하겠습니다.

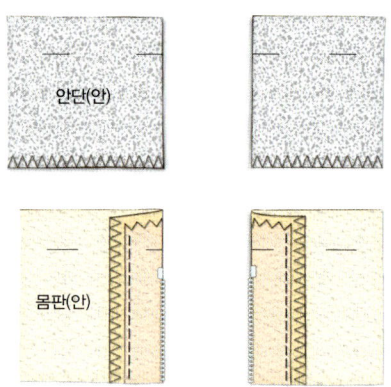

1 안단 안쪽에 접착심지를 붙이고 바깥쪽을 지그재그로 박음질합니다. 몸판에는 숨은 지퍼를 답니다(숨은 지퍼 달기 → p.30).

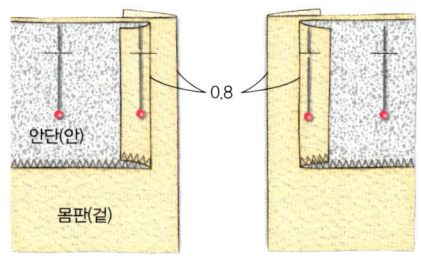

2 몸판 겉과 안단 겉을 맞대어 접고 시침핀으로 고정합니다. 안단 가장자리는 완성선보다 0.8cm 안쪽으로 접습니다.

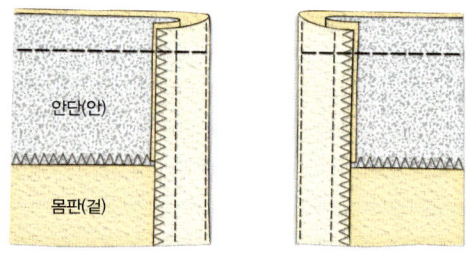

3 몸판의 시접을 겉으로 뒤집어 시침으로 고정한 후 목둘레선을 박습니다.

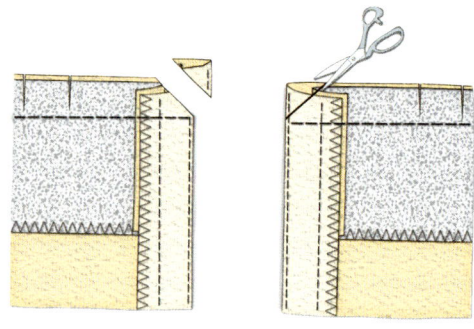

4 모서리 시접을 대각선으로 자르고 목둘레선의 시접에 가위집을 넣습니다.

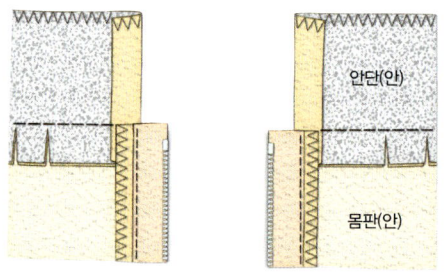

5 안단을 겉으로 뒤집습니다(박아서 뒤집는 법 배우기 → p.23).

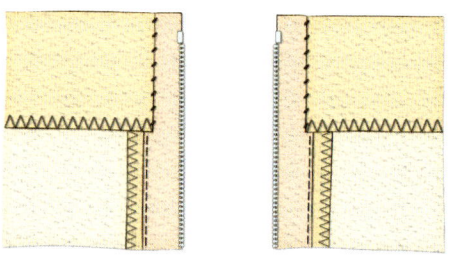

6 안단 가장자리와 지퍼를 감침질합니다.

목둘레선 슬래시 트임 만드는 법 배우기

슬래시 트임은 일반적으로 바늘땀이 없는 부분에 가위집을 넣어 만드는 트임입니다.
가위집은 가위 끝을 사용해 트임 끝 지점 직전까지 넣어야 깔끔하게 완성할 수 있습니다.

안단이 한 장일 경우

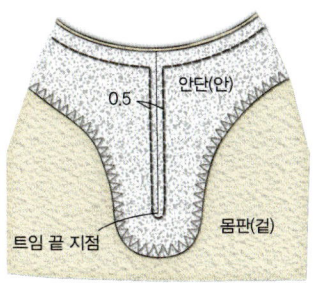

1. 안단 안쪽에 접착심지를 붙이고 바깥쪽을 지그재그로 박음질합니다. 몸판과 안단을 겉끼리 맞대고 목둘레선부터 트임 부분까지 박음질합니다. 트임 끝은 바늘땀이 가늘고 작은 원이 되도록 합니다.

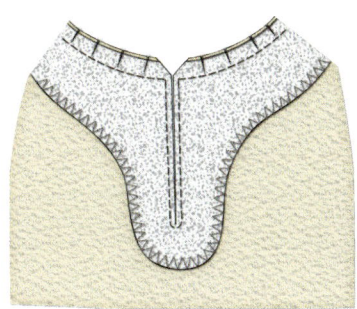

2. 트임 부분에 가위집을 넣습니다. 모서리 시접을 대각선으로 잘라내고 목둘레선 시접에도 가위집을 넣습니다.

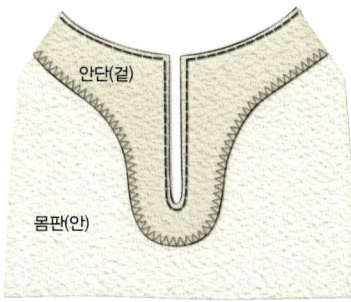

3. 안단을 겉으로 뒤집어 다리미로 잘 다린 후(박아서 뒤집는 법 배우기 → p.23), 가장자리를 박음질합니다.

트임 안단과 바이어스테이프를 조합할 경우

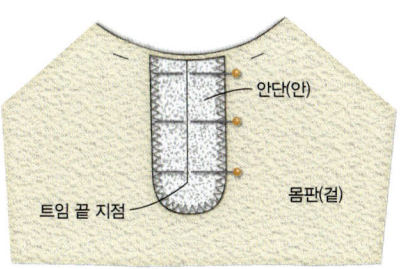

1. 트임 안단 안쪽에 접착심지를 붙이고 바깥쪽을 지그재그로 박음질합니다. 몸판과 안단을 겉끼리 맞대고 시침핀으로 고정합니다.

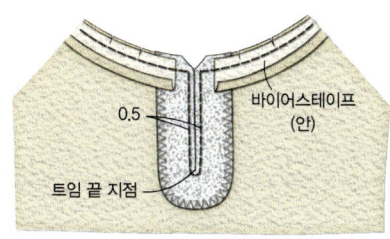

2. 바이어스테이프 가장자리를 안단에 겹쳐, 목둘레선부터 트임 부분까지 박음질을 합니다. 트임 부분에 가위집을 넣습니다. 모서리 시접을 대각선으로 잘라 목둘레선 시접에도 가위집을 넣습니다.

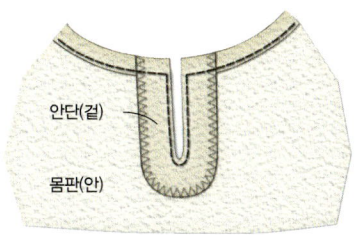

3. 트임 안단과 바이어스테이프를 겉으로 뒤집어(바이어스테이프로 마감하는 법 배우기 → p.24), 가장자리를 박음질합니다.

허리 벨트 다는 법 배우기

치마나 바지 허리에 벨트를 다는 방법으로 왼쪽 옆구리에 만드는 지퍼 트임을 예로 들어 설명하겠습니다.

벨트에 접착심지를 붙이는 경우

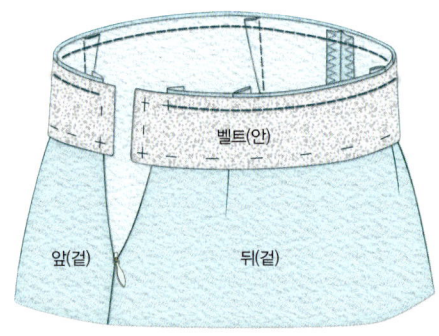

1. 벨트 뒷면에 접착심지를 붙입니다. 치마와 벨트를 겉끼리 맞대어 시침질을 하고, 치마 안쪽의 표시를 확인해가며 박음질을 합니다.

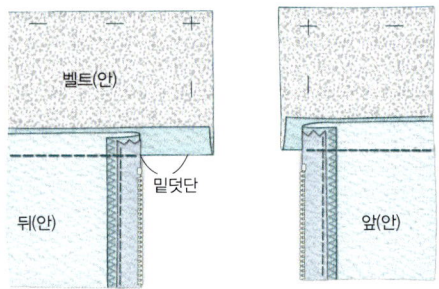

2. 시접을 벨트 쪽으로 넘겨 다림질합니다.

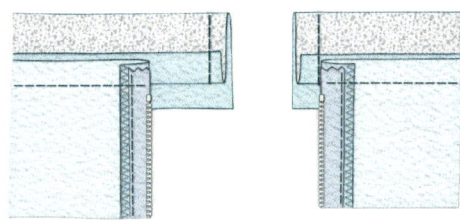

3. 벨트를 겉끼리 맞대어 접고 벨트 가장자리를 박음질합니다.

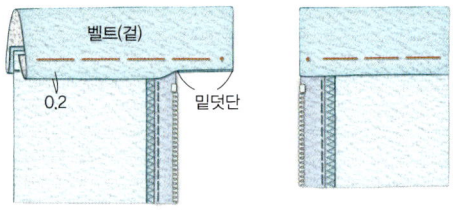

4. 벨트를 겉으로 뒤집습니다. 벨트가 허리 바늘땀에 0.2cm 겹쳐지도록 시접을 안으로 접고 시침질을 합니다. 밑덧단 부분은 벨트 겉쪽 접음선에 맞춥니다.

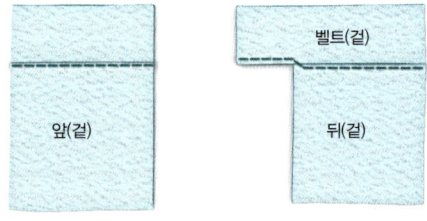

5. 치마를 겉으로 뒤집어 숨겨박기 (바늘땀이나 바늘땀 주변 겉에서 박아, 안쪽 원단을 고정하는 바느질)를 해서 벨트를 답니다.

벨트심을 넣는 경우

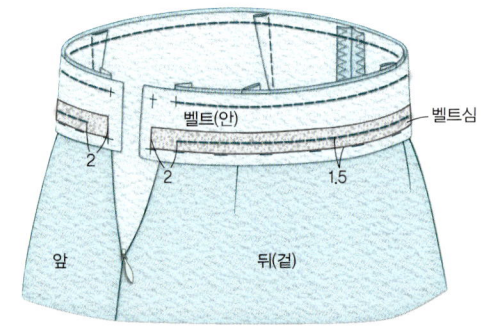

벨트 안쪽에 벨트심을 겹쳐 박음질로 고정합니다. 그 다음부터는 '벨트에 접착심지를 붙이는 경우'와 같습니다.

허리에 고무줄 넣는 법 배우기

치마나 바지 허리에 고무줄을 넣을 때는 옆솔기 일부를 남겨 창구멍을 만듭니다.

창구멍 만드는 법

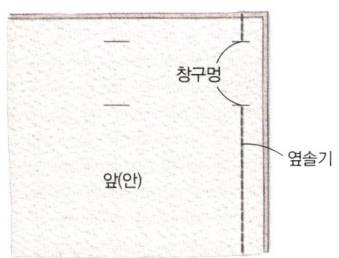

1. 앞뒤 옆선을 겉끼리 맞대어 창구멍을 남겨둔 채 옆선을 박습니다.

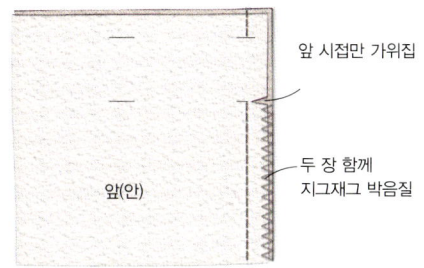

2. 시접을 한쪽으로 넘기는 경우에는 앞 시접에만 가위집을 넣고 두 장을 함께 지그재그로 박습니다.

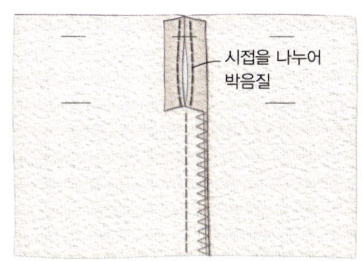

3. 시접을 한쪽으로 넘깁니다. 입구는 시접을 나누어 박음질합니다.

4. 완성선을 따라 접고 박음질합니다.

고무줄 끼우는 법과 매듭짓는 법

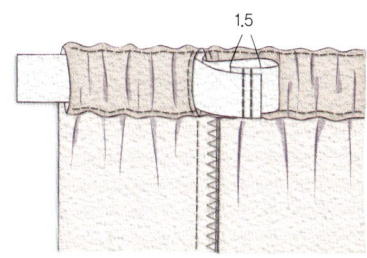

고무줄 길이는 허리 치수보다 10퍼센트 짧게 하는 것이 기준이지만 자신의 취향대로 결정합니다. 고무줄 가장자리를 고정시키고 입구에서부터 넣습니다. 반대편 가장자리가 딸려 들어가지 않도록 클립 등으로 고정해둡니다. 전부 통과시켰다면 고무줄 양 끝을 1.5cm 겹쳐서 박음질합니다.

고무줄을 여러 개 끼우는 경우

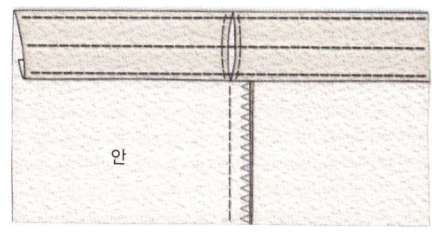

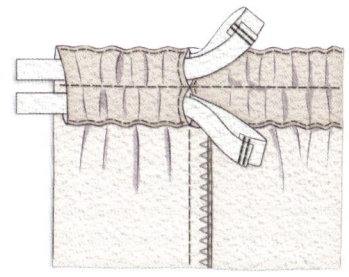

창구멍 만드는 법은 개수에 상관없이 동일하지만 박음질은 고무줄 수에 따라 달라집니다. 고무줄을 끼울 때는 하단에서 상단 순서로 작업합니다.

주머니 다는 법 배우기

치마나 원피스의 옆솔기를 박음질하는 중간에 주머니 입구를 만듭니다.
주머니감을 안쪽에 달기 때문에 겉에서 보이지 않는 주머니입니다.
오른쪽 주머니 만드는 방법을 배워봅시다.

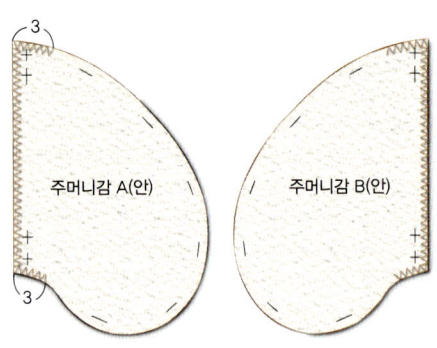

1 주머니감은 두 장이 한 세트입니다. 안쪽을 위로 놓고 옆선 시접과 주머니감 바깥쪽 3cm 부분을 지그재그로 박음질합니다.

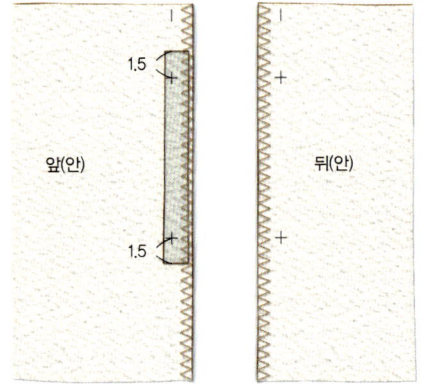

2 몸판 앞 주머니 입구 시접에 1.5cm 폭의 접착심지를 붙이고 옆선 시접을 지그재그로 박음질합니다.

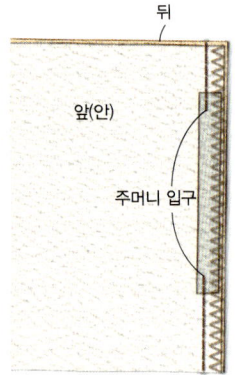

3 앞과 뒤를 겉끼리 맞대고 주머니 입구를 남기고 옆선을 박습니다.

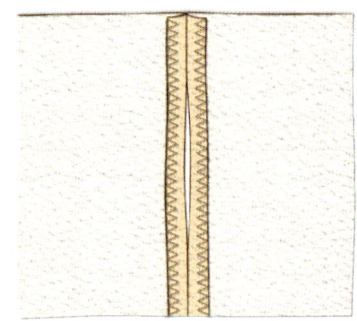

4 가름솔로 하여 다림질합니다.

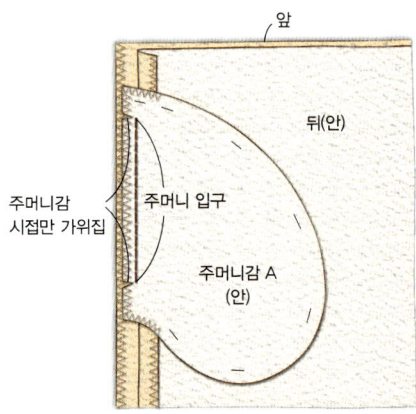

5 주머니감 A와 앞 시접을 겉끼리 맞대고 주머니 입구를 박습니다. 주머니감 시접에 가위집을 넣습니다.

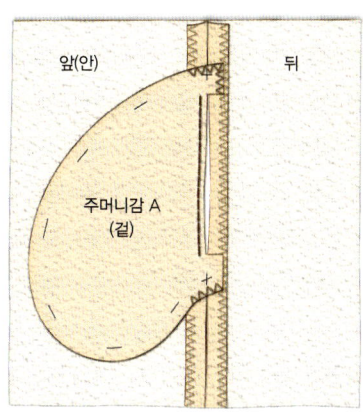

6 주머니감 A를 앞 몸판으로 넘겨 다림질한 후 주머니 입구를 박음질합니다.

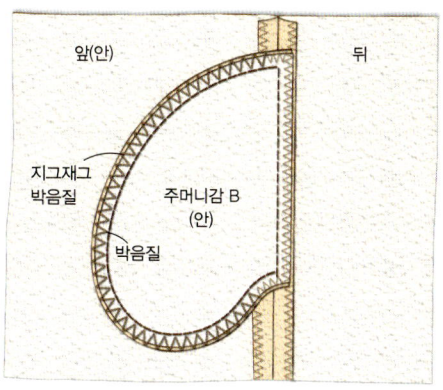

8 주머니감 둘레를 박음질하고 가장자리는 두 장을 함께 지그재그로 박음질합니다.

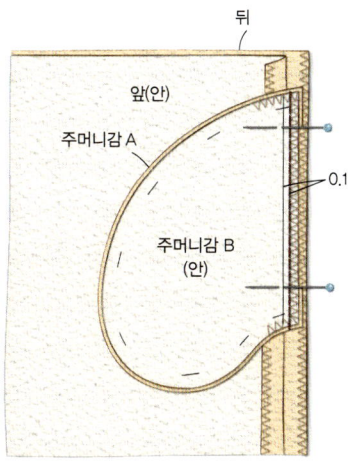

7 주머니감 B와 뒤 시접을 겉끼리 맞대고 주머니 입구를 시침핀으로 고정합니다. 주머니감 B는 완성선보다 0.1cm 뒤 시접에 박음질합니다.

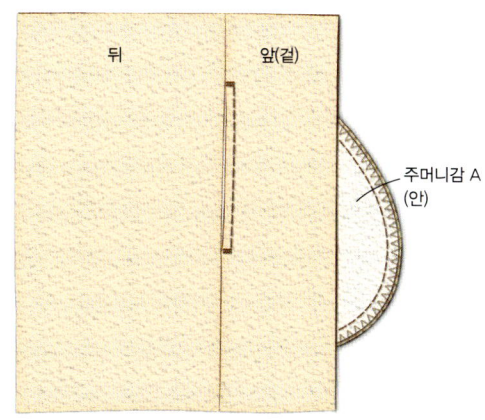

9 몸판을 겉으로 놓고 주머니 입구 양쪽 가장자리에 3번 정도 겹쳐서 박음질합니다.

칼라 만들어서 다는 법 배우기

칼라는 디자인에 따라 만드는 방법이나 다는 방식이 다양합니다.
그 중에서도 셔츠 칼라는 블라우스와 셔츠에 주로 사용하는 기본 칼라입니다.
칼라를 만들어서 몸판에 다는 방법을 배워보세요.

🔹 칼라 만드는 법

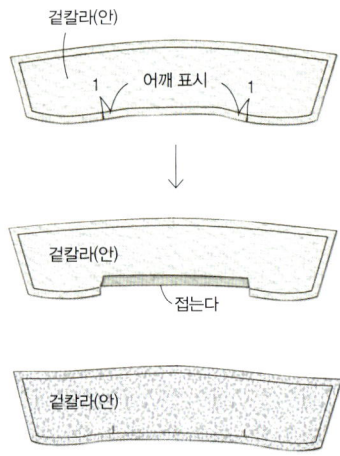

1. 겉칼라는 좌우 어깨 위치에서 1cm 안쪽 시접에 가위집을 넣고, 완성선을 접습니다. 겉칼라 안쪽에 접착심지를 붙입니다.

2. 안칼라와 겉칼라를 겉끼리 맞대고 가장자리를 박음질합니다.

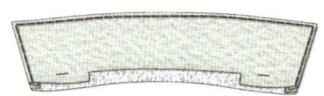

3. 겉으로 뒤집어 다림질하고 겉칼라를 보며 가장자리를 박음질합니다.
   (박아서 뒤집는 법 배우기 → p.22)

🔹 칼라 다는 법

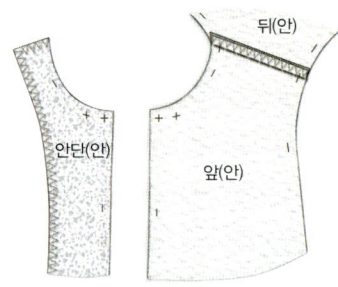

1. 앞과 뒤를 겉끼리 맞대어 어깨를 박고, 시접을 뒤쪽으로 넘깁니다. 안단은 안쪽에 접착심지를 붙이고 가장자리에 지그재그로 박음질합니다.

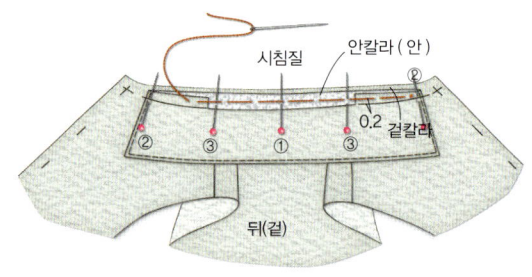

2. 몸판을 겉으로 펼쳐 그 위에 그림과 같이 칼라를 합칩니다. 뒤쪽 중심(①), 칼라 끝 점(②), 어깨(③) 순서에 맞춰 시침핀을 고정하고 완성선보다 0.2cm 바깥쪽으로 시침질합니다.

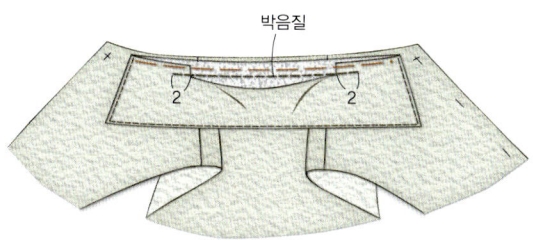

3 겉칼라의 가위집 위치보다 좌우 2cm 길게, 뒤쪽 칼라선에 박음질합니다.

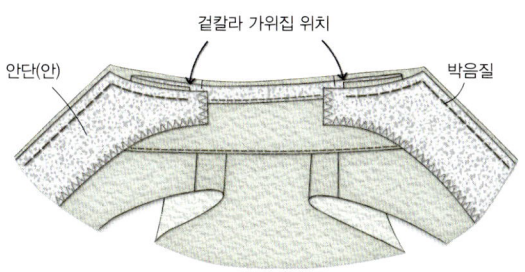

4 3의 위에 안단을 겉끼리 맞대어 놓고 앞쪽 가장자리와 목둘레선의 겉칼라 가위집 위치까지 박음질합니다.

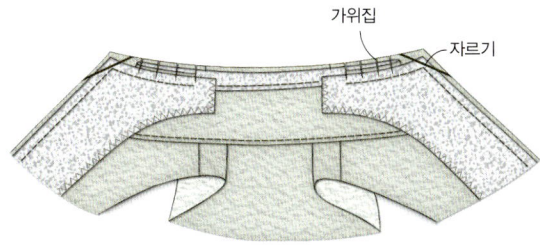

5 앞쪽 가장자리 모서리 시접을 대각선으로 자릅니다. 겉칼라 가위집 위치, 앞쪽 목둘레선 시접에 1~1.5cm 간격으로 가위집을 넣습니다.
(박아서 뒤집는 방법 배우기 → p.23)

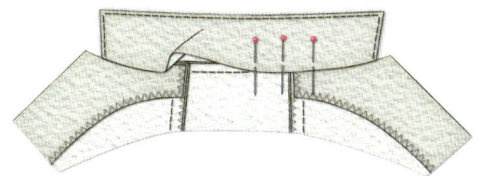

6 안단을 겉으로 뒤집습니다. 뒤쪽 목둘레선의 시접은 칼라 안쪽으로 넣어 겉칼라를 씌운 후 시침핀으로 고정합니다.

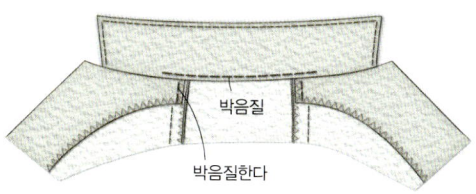

7 6에서 겉칼라를 씌운 부분에 박음질을 합니다. 안단의 어깨 시접은 몸판의 어깨 시접에 박음질합니다.

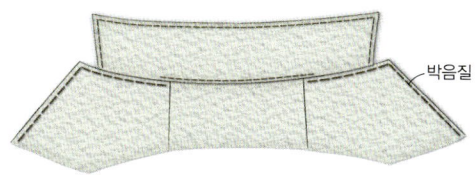

8 몸판을 겉으로 놓고 앞쪽 가장자리와 목둘레선을 박음질합니다.

소매를 달고 소매와 옆선 이어박는 법 배우기

몸판에 소매를 달고 소매와 옆선을 한번에 이어서 박는 쉽고 편한 방법을 배워보세요.
몸판, 소매 모두 평평한 상태에서 박음질하기 때문에 비교적 재봉하기 쉽습니다.

소매 다는 법

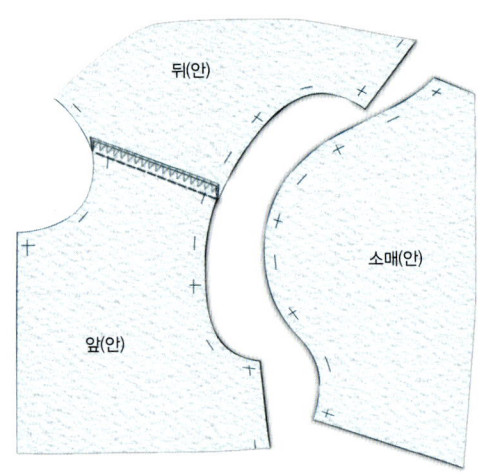

1 오른쪽 소매 박음질하는 법. 앞과 뒤를 겉끼리 맞대어 어깨를 박고 시접은 뒤쪽으로 넘깁니다.

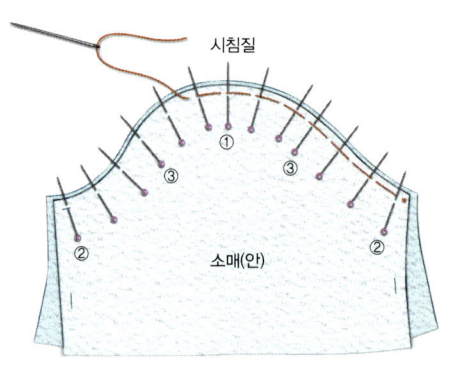

3 몸판과 소매의 곡선을 박음질할 때는 2에서 고정한 시침핀 사이를 조금 더 촘촘하게 시침해 틀어지지 않도록 합니다.

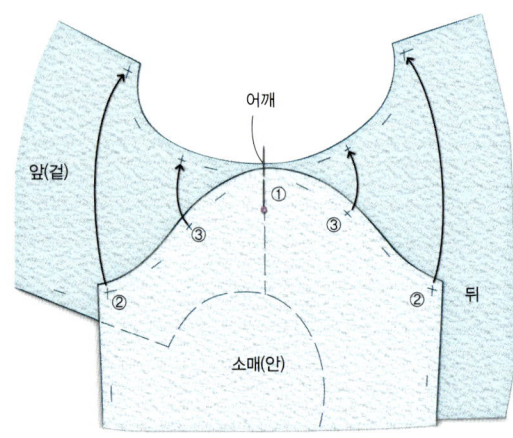

2 몸판을 겉으로 펼쳐 오른쪽 소매 겉과 마주보게 놓습니다. 소맷마루와 어깨(①), 소맷마루 끝과 옆선(②) 맞춤점(③) 순서로 시침핀을 꽂습니다.

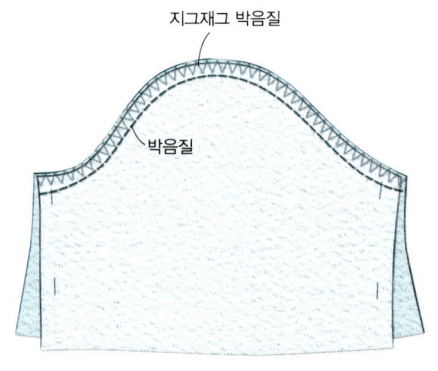

4 소매를 위로 오게 놓고 완성선에 박음질을 한 후 시접은 두 장 함께 지그재그로 박습니다.

소매와 옆선 이어박기

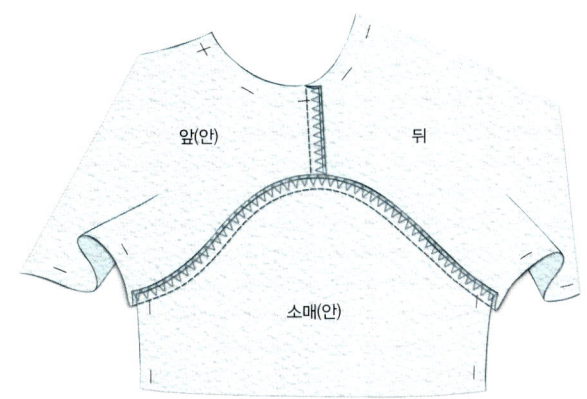

5 시접을 몸판으로 넘겨 다림질합니다.

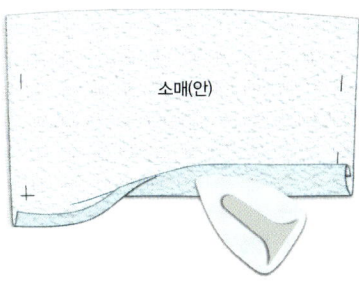

1 소맷부리를 한 번 접기나 두 번 접기로 하는 디자인의 경우, 먼저 접어둡니다.

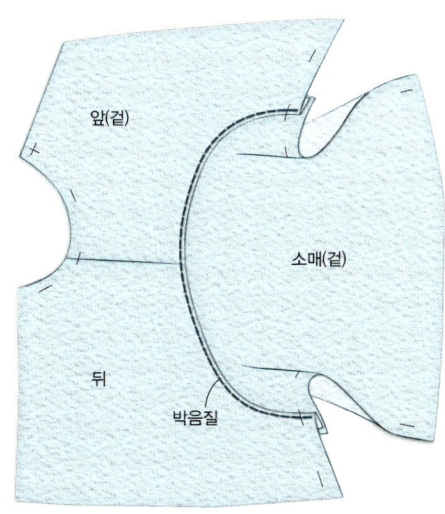

6 몸판을 겉으로 놓고 몸판의 진동둘레에 박음질 합니다. 진동둘레에 박음질하지 않는 경우에는 5의 시접을 소매쪽으로 넘겨 다림질합니다.

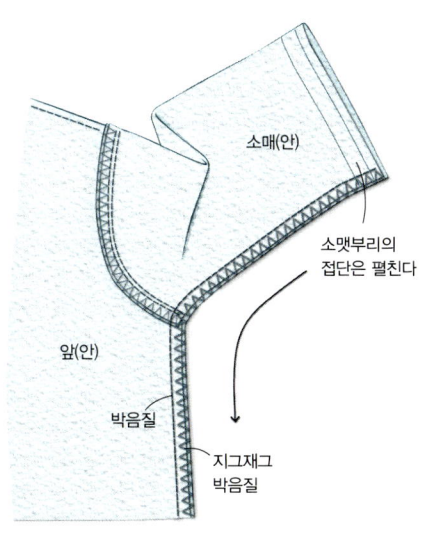

2 앞과 뒤를 겉끼리 맞대고 소맷부리부터 옆선을 이어서 박습니다. 시접은 두 장을 함께 지그재그로 박음질하고 뒤쪽으로 넘깁니다.

소매트기와 커프스 다는 법 배우기

소매트기는 소맷부리에 가위집을 넣어 바이어스테이프로 장식하는 재봉 방법입니다.
쉽지 않은 작업이지만 차분하게 천천히 시도해보세요. 커프스 만들어 다는 법도 배워보세요.

소매트기 하는 법

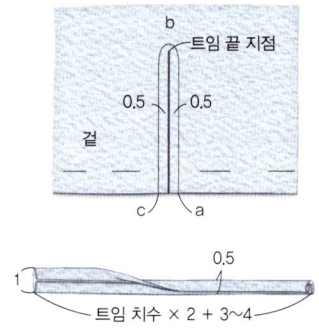

1 오른쪽 소맷부리 박음질하는 법. 소맷부리에서 트임 끝 지점까지 가위집을 넣습니다. 바이어스테이프는 다리미로 네 번 접습니다.
(양쪽 접기 바이어스테이프 → p.28)

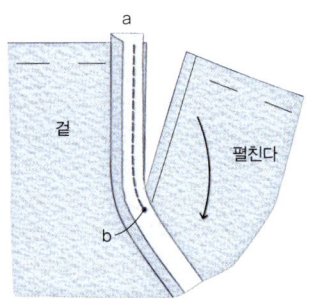

2 트임 부분에 바이어스테이프와 소매를 겉끼리 맞대고 a에서 b까지 박음질합니다. b에서 재봉바늘을 꽂은 채 다시 한 번 트임 위치가 똑바르도록 펼칩니다.

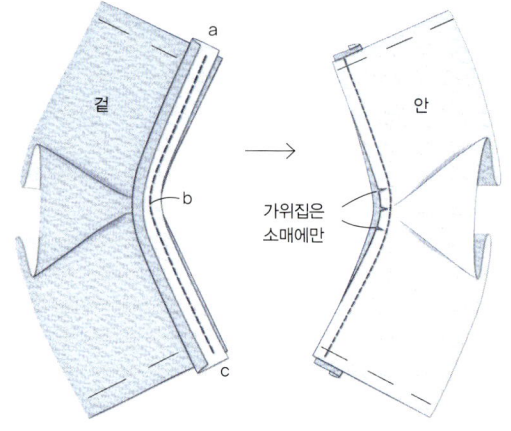

3 이어서 b에서 c까지 박음질합니다. 소매의 트임 끝 지점 시접에 가위집을 넣습니다.

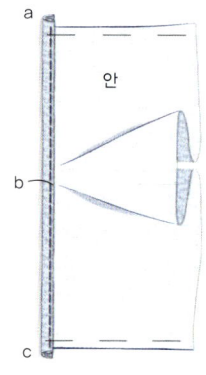

4 시접을 바이어스테이프로 감싸 박음질로 고정합니다. 여분의 바이어스테이프는 자릅니다.

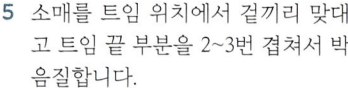

5 소매를 트임 위치에서 겉끼리 맞대고 트임 끝 부분을 2~3번 겹쳐서 박음질합니다.

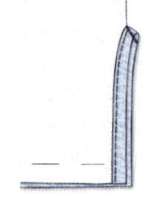

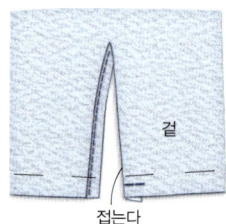

6 소매를 펼치고 앞쪽 바이어스 장식을 안쪽으로 접어 소맷부리 시접을 박음질합니다.

커프스 만드는 법

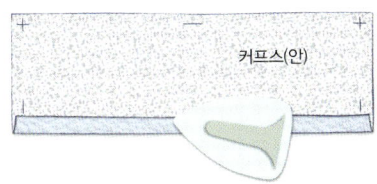

1 커프스 안쪽에 접착심지를 붙이고 한쪽 시접을 완성선에 따라 접습니다.

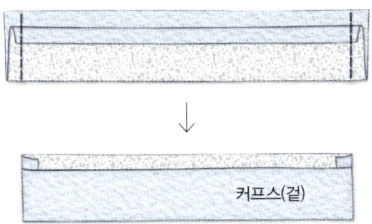

2 커프스를 겉끼리 맞대어 접고 양쪽 가장자리를 박음질 한 후 겉으로 뒤집습니다.

커프스 다는 법

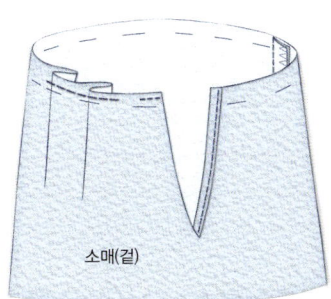

1 소맷부리에 턱을 잡고 시접을 박음질로 고정합니다.

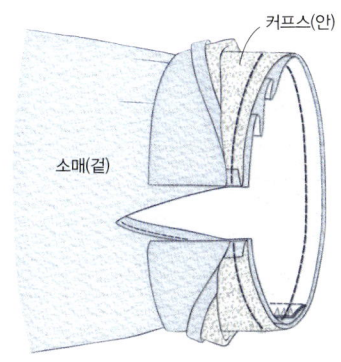

2 소맷부리와 커프스를 겉끼리 맞대어 놓고 소맷부리 쪽을 보면서 박음질합니다.

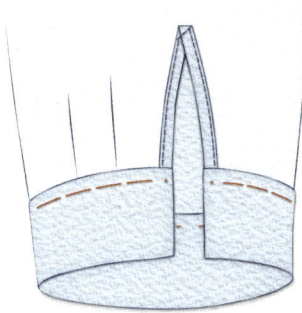

3 소매를 겉으로 뒤집어 소맷부리 시접을 커프스 쪽으로 넘겨 시침질합니다.

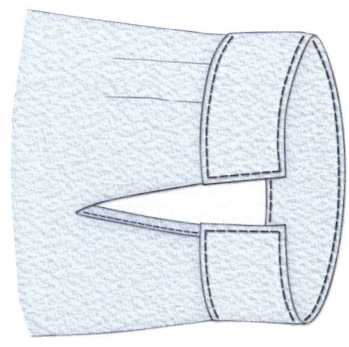

4 커프스 겉쪽에서 가장자리를 박음질합니다.
(원통 박기 → p.13)

기본 단추 다는 법 배우기

구멍이 있는 단추와 기둥이 있는 단추 다는 법을 배워봅시다. 구멍이 있는 단추를 달 때는 안정감있게, 원단의 두께만큼 단추기둥을 만듭니다. 기둥이 있는 단추는 단추기둥을 만들 필요 없이 딱 맞게 달면 됩니다.

구멍이 있는 단추 달기

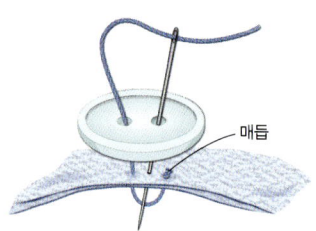

1 단추 달기용 실을 한 가닥(재봉실을 사용할 경우에는 두 가닥) 준비해 매듭을 만들고, 원단의 바깥쪽에서 한 땀을 뜹니다. 단추 안쪽으로 실을 통과시켜 옆 구멍에 바늘을 넣고 그대로 원단까지 찔러 바늘을 빼냅니다.

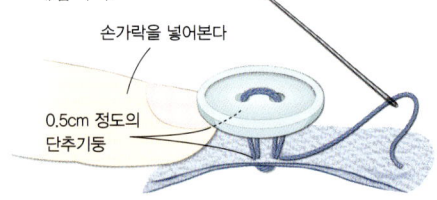

2 단추 아래에 손가락을 넣어 단추와 원단 사이를 0.5cm 정도 벌립니다. 2~3번 실을 통과시켜 단추기둥의 길이를 만듭니다.

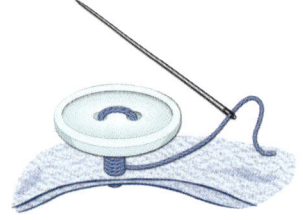

3 단추기둥 위에서 아래로 빈틈없이 실을 감쌉니다.

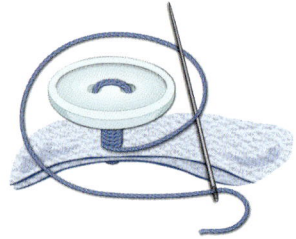

4 실을 감싼 후, 마지막 실 고리에 바늘을 감아 꽉 조입니다.

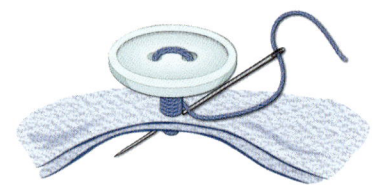

5 바늘을 원단의 안쪽으로 뺍니다.

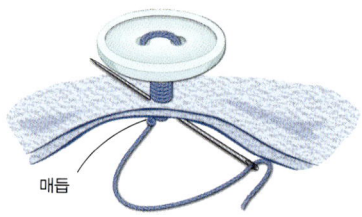

6 안쪽에 매듭을 짓고 바늘을 밖으로 빼 실을 자릅니다.

기둥이 있는 단추 달기

1 단추 달기용 실을 한 가닥(재봉실을 사용할 경우에는 두 가닥) 준비해 실 두 가닥을 합쳐 매듭을 짓습니다. 단추 기둥에 실을 통과시켜 실 고리 안으로 바늘을 감싸 실을 조입니다.

2 원단 바깥쪽으로 바늘을 빼며, 구멍이 있는 단추와 동일한 방법으로 단추기둥은 만들지 않고 답니다.

스냅 단추 다는 법 배우기

스냅 단추는 수단추와 암단추가 한 세트입니다. 먼저 수단추를 안쪽에 달고, 암단추는 겉에 올 위치를 확인해가며 달아보세요.

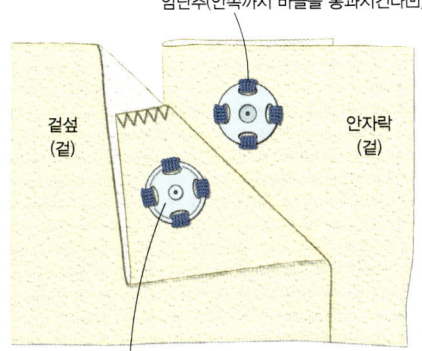

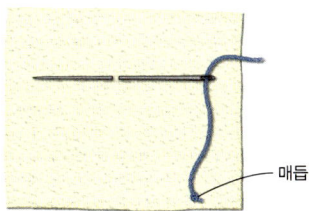

1 손바늘실 또는 재봉실을 한 가닥 빼 매듭을 만들고, 단추를 달 위치에 한 땀을 뜹니다.

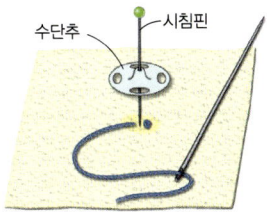

2 수단추가 움직이지 않도록 스냅 단추 중심 구멍에 시침핀을 통과시켜 단추를 달 위치를 고정합니다.

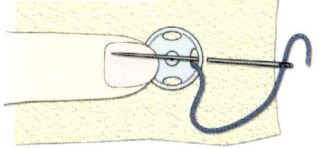

3 스냅 단추 구멍으로 바늘을 뺀 다음, 스냅 단추 바깥쪽에서 구멍으로 바늘을 넣습니다.

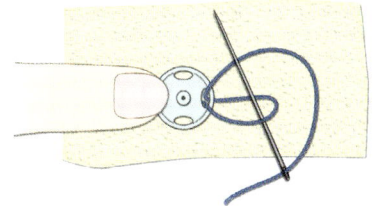

4 실 고리에 바늘을 감고 실을 잡아당깁니다.

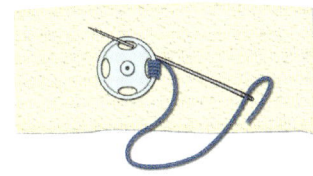

5 하나의 구멍에 3과 4의 순서를 3~4번 반복하고 옆 구멍으로 이동합니다.

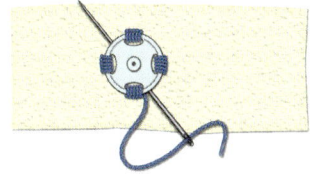

6 네 개의 구멍을 모두 감았다면 원단 한 땀만 떠서 반대쪽으로 바늘을 뺍니다.

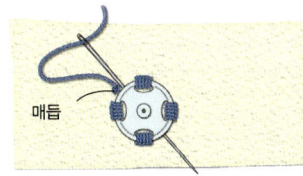

7 매듭을 짓고 스냅 단추 아래에 달려 있는 실을 자릅니다.

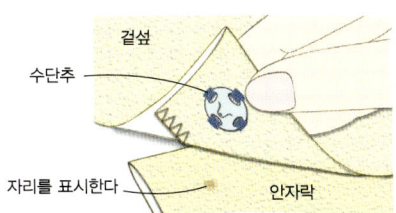

8 완성 상태의 겉섶과 안자락을 맞대어 겉섶에 단 수단추를 안자락으로 눌러 자리를 표시합니다. 이 위치에 암단추를 수단추와 동일한 방법으로 답니다.

훅 다는 법 배우기

치마나 바지의 허리 벨트를 고정하는 커다란 훅과 원피스 지퍼 트임의 상단을 고정하는 스프링 훅이 있습니다.
두 가지 모두 입었을 때 힘이 들어가는 부분이라 튼튼하게 박음질하세요.

 큰 훅

훅이 구부러지게 달리지 않도록 각각의 구멍을 임시로 고정해가며 답니다. 허리벨트에 다는 경우 거는 쪽은 위쪽 벨트 안쪽에, 걸리는 쪽은 아래쪽 벨트 바깥쪽에 답니다.

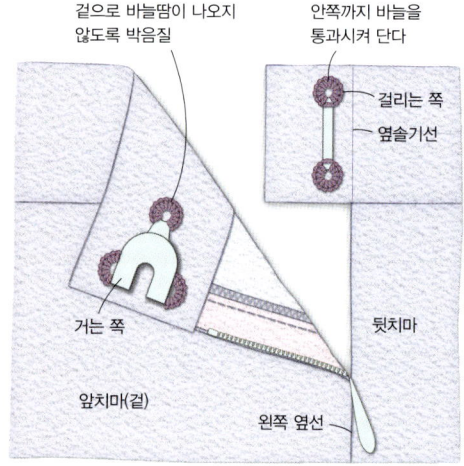

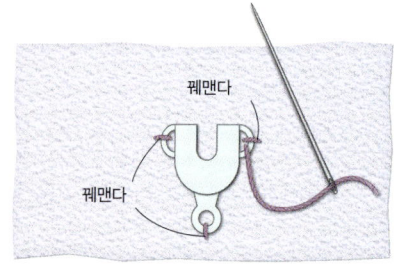

1. 손바늘실을 한 가닥 준비해 매듭을 짓고, 거는 쪽 세 개의 구멍을 각각 꿰맨 상태에서 그대로 첫 번째 구멍에서 바늘을 뺍니다.

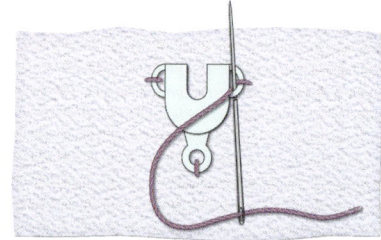

2. 훅의 바깥쪽에서 원단을 뜨듯 구멍으로 바늘을 뺍니다.

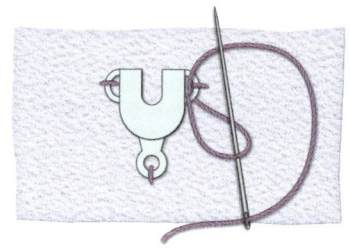

3. 실 고리에 바늘을 감아 실을 당깁니다.

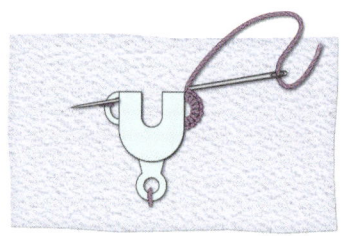

4. 한 개의 구멍에 2와 3의 과정을 반복하여 구멍 주변을 확실하게 묶은 후 다음 구멍으로 넘어갑니다.

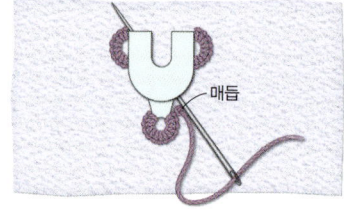

5. 세 개의 구멍을 모두 묶은 다음에 매듭을 짓습니다. 원단 한 장만 뜨듯이 반대쪽으로 바늘을 뺀 후 실을 자릅니다.

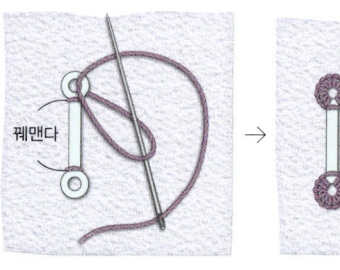 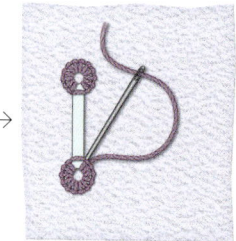

6. 걸리는 쪽은 구멍 부근 안쪽까지 통과시켜 꿰맨 다음 2와 3의 과정으로 구멍 주변을 확실하게 묶습니다. 바늘을 원단 안쪽으로 빼서 매듭을 짓고 실을 자릅니다.

스프링 훅

지퍼를 열었을 때 트임 위쪽 공간이 벌어지지 않도록 주의하여 훅을 달 위치를 정합니다. 뒤쪽 가운데 상단에 달 경우 훅이 잘 걸릴 수 있도록 거는 쪽은 주로 사용하는 손 방향(여기서는 오른쪽 몸)으로, 걸리는 쪽은 반대편(여기서는 왼쪽 몸)에 답니다.

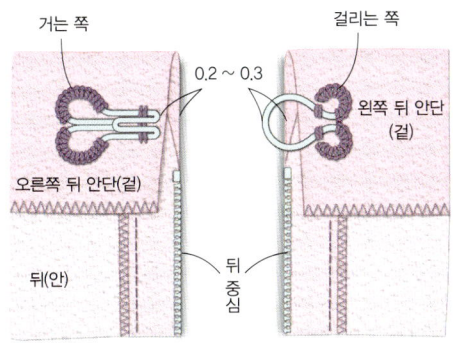

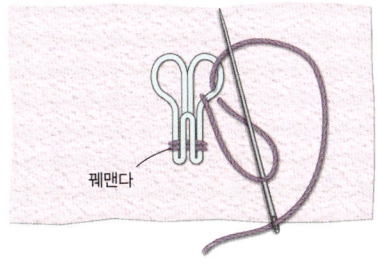

1 손바늘실을 한 가닥 준비해 매듭을 짓고, 거는 쪽 구멍 부근을 두 번 꿰맨다. 그대로 바늘을 첫 번째 구멍으로 뺍니다. 감싸는 방식은 큰 훅과 동일합니다.

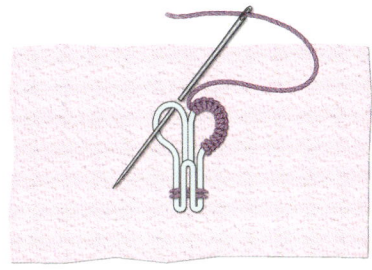

2 구멍을 모두 감쌌다면 옆 구멍으로 이동합니다.

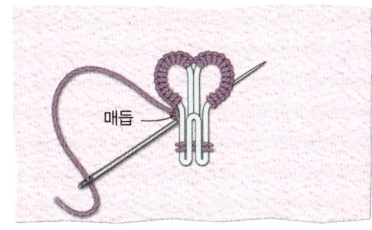

3 마지막으로 매듭을 짓고 훅 아래를 통해 반대쪽으로 뺀 다음 매듭을 넣고 실을 자릅니다.

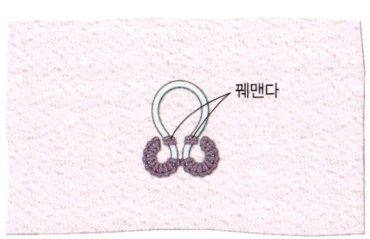

4 걸리는 쪽도 첫 번째 부근을 꿰맨 것처럼 동일한 요령으로 구멍 주위를 감쌉니다.

All you need to start

재봉을 시작하기 전에

재봉을 할 때는 필요한 도구와 원단, 그리고 사전지식이 필요합니다.
패턴북에 들어있는 부록과 시중에 판매되는 패턴 중 마음에 드는 아이템을 발견하더라도
원하는 사이즈로 옷을 만들기 쉽지 않습니다.
나에게 딱 맞는 기분 좋은 옷을 만들 수 있도록
패턴을 수정하는 방법까지 배워보세요.

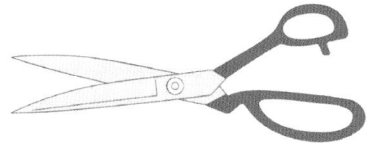

도구에 대해서

재봉을 시작하기 전, 원활한 작업을 위해 도구를 확인해 보세요.
도구는 용도에 맞게 선택하고, 손에 익히는 것이 중요합니다.

🔵 패턴 만들기와 표시 도구

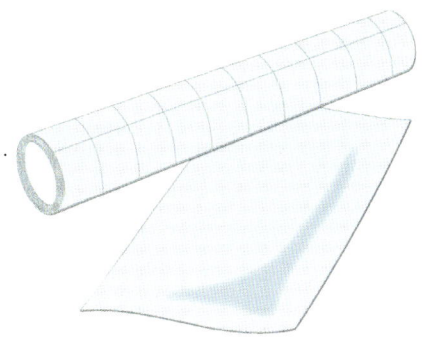

하도롱지
실물 크기 패턴을 그릴 때 사용하는 얇은 종이로 패턴에 겹치면 아래 선이 비쳐 보입니다. 까슬까슬한 면이 앞에 오도록 하여 사용합니다. 패턴을 자른 후 남은 종이는 접착심지를 붙일 때 사용합니다. 얇은 종이나 부직포를 사용하기도 합니다.

시접자
가로세로 눈금이 그려져 있는 자. 패턴을 그릴 때나 시접의 평행선을 그을 때 쓰기 편리합니다.

줄자
치수를 잴 때 씁니다.

샤프 펜슬
패턴을 그릴 때 사용합니다. 가는 선을 연속해서 그릴 수 있기 때문에 연필보다 쓰기 편리합니다.

종이용 가위
패턴을 자를 때 씁니다.

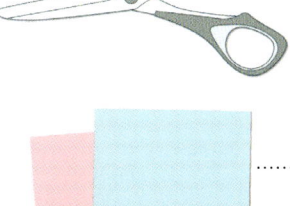

양면 초크 페이퍼
종이 양면에 색 분말이 고착된 종이로 원단과 원단 사이에 넣어 선을 그릴 때 씁니다.

초크 펜슬
원단에 선을 그리거나 표시할 때 쓰기 편리합니다. 물에 지워지는 타입, 손으로 털 수 있는 파우더 타입 등이 있습니다.

룰렛
톱니바퀴를 굴려 초크 페이퍼에 표시를 할 때 씁니다.

도구에 대해서

언제든지 시작할 수 있도록 갖춰두고 싶은 기본 도구

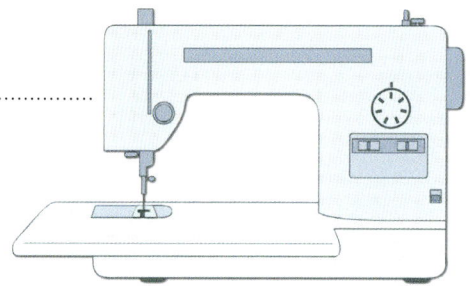

재봉틀
취급설명서를 읽고 사용하는 방법, 기능을 알아둡니다.

보빈
재봉틀의 밑실을 감는 부품. 재봉틀 가마(수평가마, 수직가마) 종류에 따라 다르기 때문에 자신의 재봉틀 기종에 맞춰 선택합니다.

재봉 바늘
원단의 두께에 맞춰 바늘 굵기를 선택합니다(원단에 맞는 재봉 바늘과 재봉실 고르는 법 배우기 → p.5).

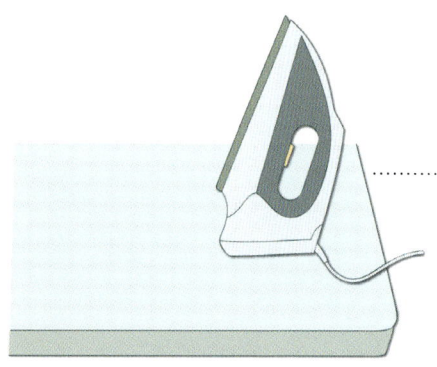

다리미와 다리미판
전처리부터 완성까지 재봉의 전 공정에서 사용합니다. 다리미는 스팀기능이 있는 제품을 사용하면 편리합니다.

시침핀과 핀 쿠션
시침핀은 재봉할 원단을 임시로 고정하기 위한 바늘입니다. 머리 부분의 형태나 길이, 굵기가 다양하므로 자신이 사용하기 편한 핀을 선택합니다. 핀 쿠션에 꽂아 재봉 중에 언제나 사용할 수 있도록 손이 닿는 가까운 곳에 놓아둡니다.

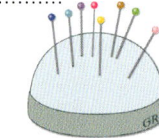

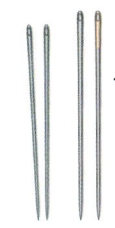

손바늘
시침질을 하거나 감침질을 할 때, 단추를 다는 등의 수작업이 필요할 때 사용합니다. 원단의 두께에 맞춰 얇은 원단용, 보통 원단용, 두꺼운 원단용으로 나눠서 씁니다.

시침실
손으로 간단하게 끊을 수 있는 부드러운 무명실. 시침질 및 임시로 고정할 때 씁니다.

송곳
재봉할 때 손으로 잡기 어려운 미세한 부분을 고정할 때 씁니다.

실뜯개(리퍼)
U자 부분이 커터로 되어 있어 바늘땀 사이에 끼워 실을 뜯어내거나 단춧구멍을 낼 때 씁니다.

헤라
코튼이나 안감에 표시를 할 때 사용. 접단의 완성선에 사용하면 다리미로 접기 쉽습니다(접단 마무리하는 법 배우기 → p.20~21).

재단 가위
원단 전용 가위로 오른손잡이용과 왼손잡이용이 있습니다. 칼끝의 날이 날카롭고 손잡이를 쥐었을 때 편한 제품을 선택합니다. 원단 이외의 물건을 자르면 날이 무뎌지기 때문에 주의하세요(사용 방법 → p.59).

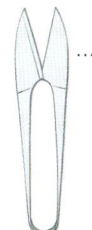

쪽가위
재봉실을 자르거나 작게 홈을 낼 때 사용하는 가위. 날이 잘 들고 끝부분이 잘 맞는 가위를 고릅니다.

원단에 대해서

만들고 싶은 패턴을 정했다면 원단을 고릅니다. 매장에 전시된 다양한 원단을 보고 무엇을 살지 고민하는 것도 옷 만드는 재미 중 하나입니다. 사전에 '원단'을 익혀 실패하지 않는 원단 고르기를 해보세요.

원단의 종류

원단은 코튼, 리넨, 실크, 울로 대표되는 천연섬유, 폴리에스테르 및 나일론 등의 화학섬유, 혼방되어 있는 원단 등 다양하게 존재합니다. 평소에 들어봤던 덩거리, 깅엄, 브로드클로스 등은 원단의 무늬나 짜임새를 가리키는 명칭입니다. 매장에 둘둘 감겨 있는 원단에 소매명과 원단 폭이 기재되어 있는 태그는 사용방식의 기준이 되므로 체크해두면 좋습니다.

원단 고르는 법

원단을 만져봤을 때 살짝 강도가 있으며 약간 두꺼운 원단이 재봉을 하기 쉬운 원단입니다. 예를 들어 깅엄, 코드레인, 덩거리, 트윌, 리넨 등. 무늬가 있는 원단을 고를 때는 무늬를 맞출 필요 없는 작은 꽃무늬, 작은 물방울무늬, 섬세한 체크 등을 추천합니다. 무지보다 무늬원단을 사용하는 편이 바늘땀이 휘더라도 눈에 띄지 않는다는 장점이 있습니다. 또한 커다란 무늬나 방향을 나타내는 무늬는 모양을 맞출 때 패턴 위치에 따라 사용양이 늘어나기 때문에 주의가 필요합니다.

원단의 겉과 안

프린트처럼 무늬가 선명하고 겉과 안의 구별이 확실한 것이 좋지만, 무지나 체크처럼 판단하기 어려운 경우에는 다음의 항목을 참고해 보세요.

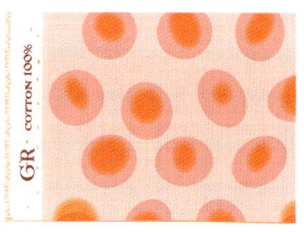

◇ 전체적으로 광택이 있고 깨끗한 쪽이 겉.
◇ 원단의 가장자리 부분을 봤을 때 브랜드나 소재가 인쇄되어 있는 쪽이 겉. 원단의 가장자리에 생긴 울퉁불퉁한 바늘구멍은 원단을 마는 과정에서 생긴 것으로 겉과 안을 구분하는 기준이 되지 않습니다.
◇ 아무리 봐도 구별되지 않을 때는 마음에 드는 곳을 겉으로 합니다.

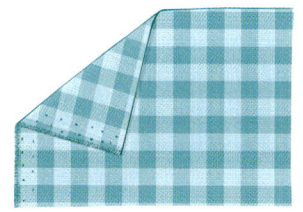

겉을 정했다면 잊어버리지 않도록 원단 가장자리에 표시를 해두면 좋습니다.

원단의 폭과 사용량

일반적으로 홈 소잉에 사용되는 원단의 폭은 코튼이라면 90~112cm, 울은 142~150cm 정도입니다. 원단의 사용량은 동일한 패턴이라도 원단 폭에 따라 달라지기 때문에 헷갈릴 경우에는 판매 매장 직원에게 물어보는 것이 좋습니다. 특히 패턴북에 기재되어 있는 원단 폭보다 좁은 원단을 사용할 경우에는 주의가 필요합니다.

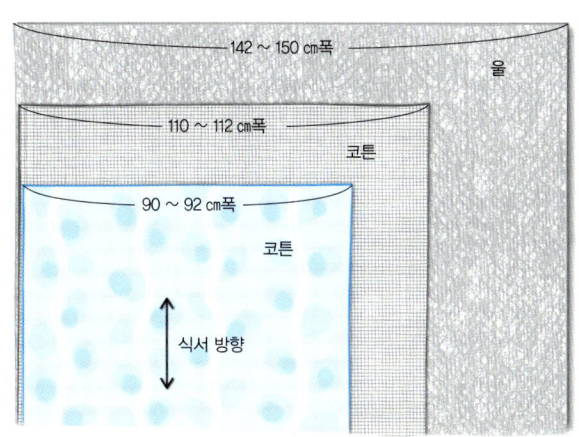

전처리 하는 법

원단에 따라 세로 실과 가로 실이 직각으로 교차되지 않아 비뚤어지게 되는 경우가 생깁니다.
이 상태로 옷을 만들면 형태가 뒤틀어지는 원인이 되므로 원단을 재단하기 전에 다리미로 세로가로의 결을 정돈합니다.

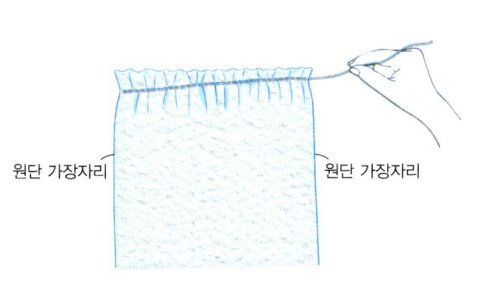 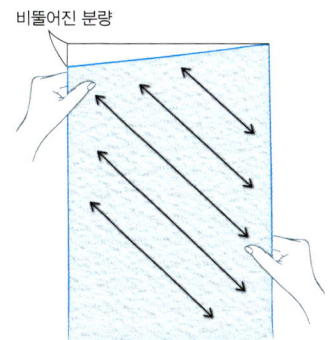 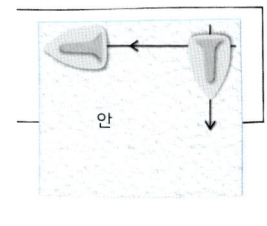

1. 시침핀으로 가로 실을 한 가닥 당겨 제거하고 가로 실 자국을 따라 상단 부분을 자릅니다. 잘린 부분이 직각인지 체크합니다.

2. 비뚤어져 있다면 대각선 방향으로 원단의 가장자리를 잡아 당겨 끝 부분이 직각이 되도록 조금씩 늘립니다. 원단을 잡은 손을 조금씩 밀며 원단 전체의 결을 정돈합니다.

3. 다리미판 위에 안쪽 원단이 위로 오게 놓은 다음, 세로 방향과 가로 방향으로 스팀 다림질을 하며 결을 정리합니다.

패턴 만들기

패턴은 패턴북의 실물 크기 패턴을 사용합니다.
만들고 싶은 아이템에 필요한 옷본을 찾고, 자신의 사이즈에 맞게 종이에 옮겨 그려 시접을 넣습니다.

사이즈 정하기

실물 크기 패턴에는 7, 9, 11, 13호 또는 S, M, L, LL 등으로 사이즈를 표시한 참고 치수표가 있습니다.
여기에 자신이 잰 치수를 맞춰 선택합니다.

실물 크기 패턴 옮기기

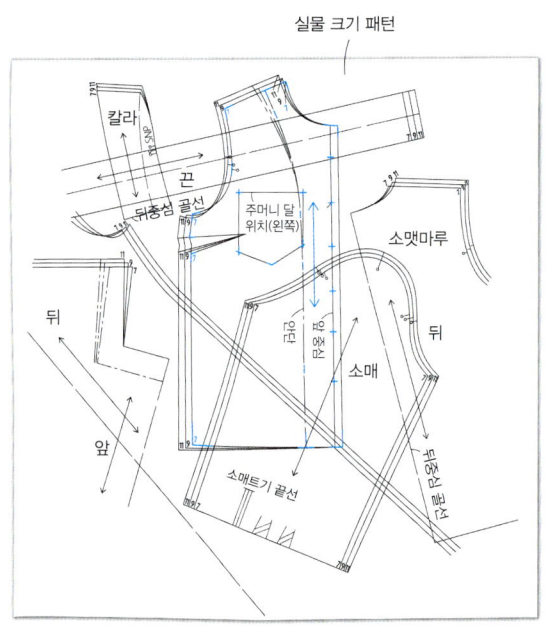

1 실물 크기 패턴에서 필요한 옷본을 찾습니다. 잘못 그리지 않도록 자신의 사이즈 선에 색깔 펜으로 표시해둡니다.

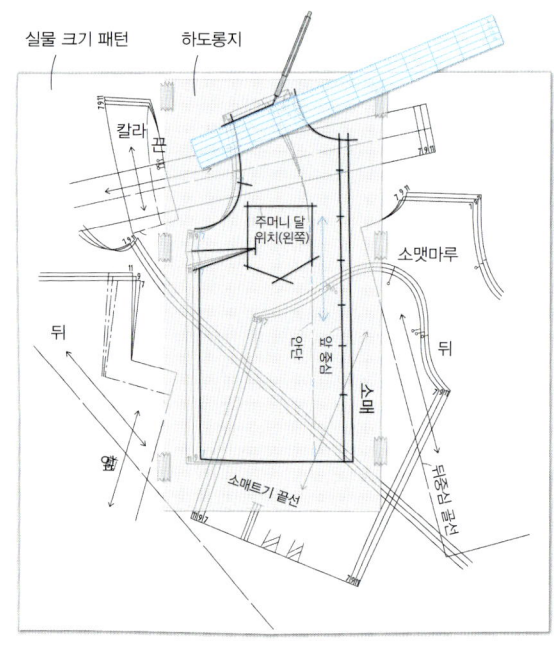

2 1의 실물 크기 패턴 위에 종이를 올려놓고, 시접자를 사용해 패턴 선을 그립니다. 표시, 꿰매는 선, 식서 방향, 단추 위치, 주머니 위치 등도 잊지 않고 옮겨 그립니다.

3 몸판의 안단, 주머니 등의 선과 위치를 공유하고 있는 옷본이 있는 경우에는 별도의 종이에 그립니다.

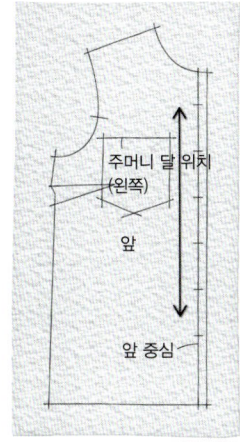
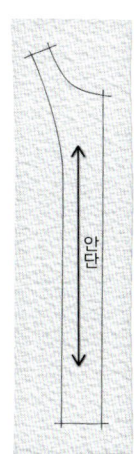

옮겨 그린 패턴에 시접 넣기

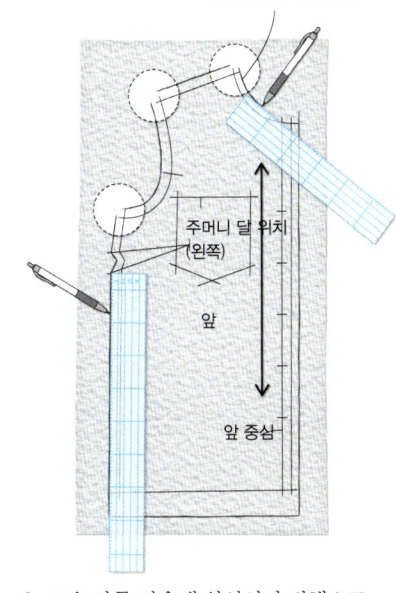

1 모눈자를 사용해 완성선과 평행으로 시접 선을 긋습니다. 시접 치수는 패턴북의 재단 배치도를 참고합니다.

Point
두 장을 합친 시접은 나누거나 한쪽으로 넘기는 경우가 있기 때문에 완성과 같은 모양으로 패턴 완성선을 따라 접고, 시접을 넣습니다. 가장 실수하기 쉬운 부분은 소맷부리나 바지 밑단이 오므라질 수 있는 완성선에서 꺾이는 부분입니다.

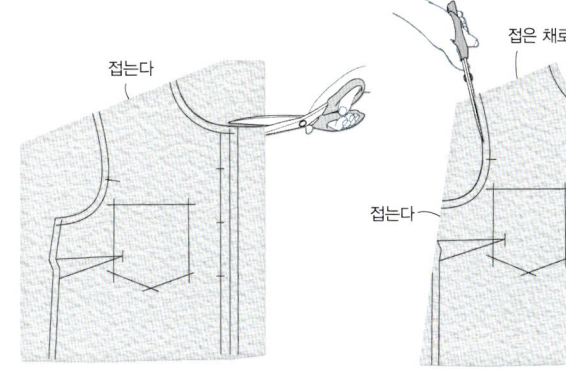

2 모서리 시접은 꿰맨 다음 부족하거나 여분이 생기지 않도록 합니다. 시접을 넘기는 방향을 확인하고 목둘레선은 어깨 완성선으로 접어 목둘레선의 시접에 맞춰서 자릅니다.

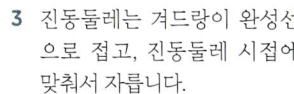

3 진동둘레는 겨드랑이 완성선으로 접고, 진동둘레 시접에 맞춰서 자릅니다.

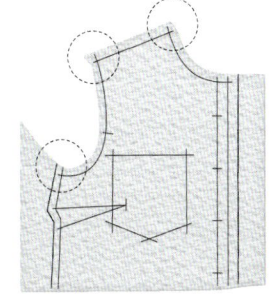

4 앞 가장자리, 밑단, 겨드랑이(다트도 완성선에 접은 다음)를 시접 선에 따라 자릅니다.

자신의 사이즈에 맞도록 패턴 수정하는 법 배우기

실물 크기 패턴의 참고 치수표는 표준체형을 기준으로 만들어져 있지만, 실제로 자신의 치수를 맞출 때
가슴은 9호, 허리는 11호처럼 사이즈가 달라지는 경우가 있습니다.
어느 한쪽의 사이즈로 맞추면 몸에 딱 맞는 옷으로 만들 수 없기 때문에
패턴 선을 고쳐 체형에 맞는 패턴으로 만듭니다.
또한 치마나 원피스 길이는 기존에 갖고 있던 옷을 재서, 좋아하는 길이를 확인해 두는 것도 좋습니다.

치마 패턴 수정

허리 7호, 엉덩이 9호의 경우
※1

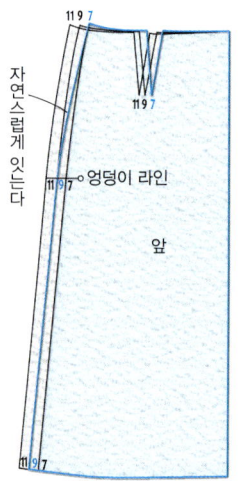

허리 라인과 다트는 7호를 그리고, 엉덩이 라인 주변은 9호로 이어지도록 선을 긋습니다. 반대편도 동일한 방법으로 진행합니다.

원피스 패턴 수정

가슴 9호, 허리와 엉덩이 11호의 경우
※2

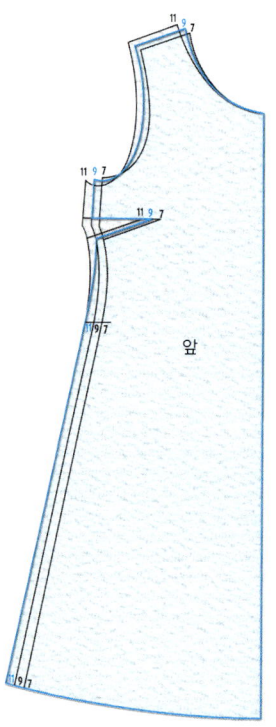

목둘레선, 어깨, 진동둘레, 겨드랑이 다트는 9호를 그립니다. 허리 주변은 11호로 이어지도록 만들고 옆솔기선은 11호 선을 긋습니다. 반대편도 동일한 방법으로 진행합니다.

가슴과 허리 7호, 엉덩이 9호의 경우
※3

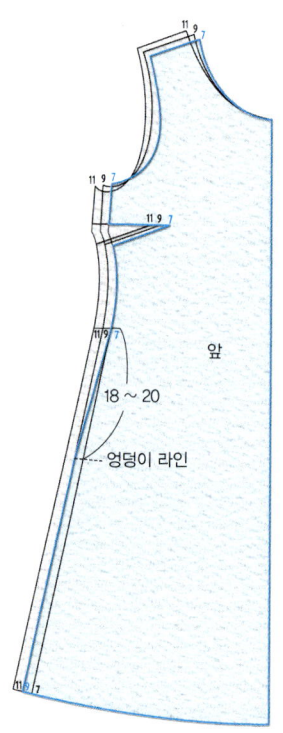

목둘레선, 어깨, 진동둘레, 겨드랑이 다트, 허리까지의 옆솔기선은 7호로 그리고, 엉덩이 라인 주변은 9호로 이어지도록 선을 긋습니다. 반대편도 동일한 방법으로 진행합니다.

※1 ※2 ※3 … 여기서는 디자인 선을 깨지 않는 범위(1사이즈의 차이)에서 패턴 고치는 방법을 설명합니다. 각 부위의 사이즈 차이가 2사이즈(예를 들어 가슴은 11호이고 허리는 7호)인 경우 위의 설명과 같은 방법으로는 디자인선이 달라지기 때문에 하지 않는 편이 좋습니다.

치마 길이, 원피스 길이 바꾸기

실물 크기 패턴에서 옮긴 패턴을 사용한 H라인의 실루엣이라면 밑단의 길이를 조절합니다. 새로운 밑단선은 패턴선과 평행하게 긋습니다.

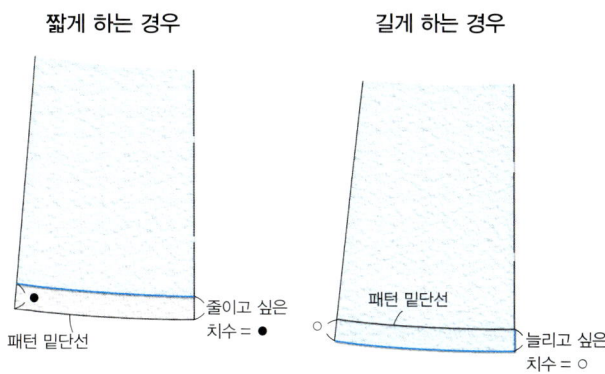

짧게 하는 경우 / 길게 하는 경우
패턴 밑단선
줄이고 싶은 치수 = ●
늘리고 싶은 치수 = ○

소매 길이 바꾸기

실물 크기 패턴에서 옮긴 패턴을 사용해 팔꿈치 부위로 길이를 조절합니다. 소매길이에서 소맷마루 높이를 긋고 남은 수치를 이등분하여 식서 방향 선과 수직으로 선을 그은 다음 패턴을 자릅니다. 짧게 할 경우에는 줄이고 싶은 치수를 겹치고, 길게 할 경우에는 늘이고 싶은 치수를 펼쳐 종이를 보충합니다. 양쪽 모두 소매단선을 자연스럽게 그어 시접을 넣습니다.

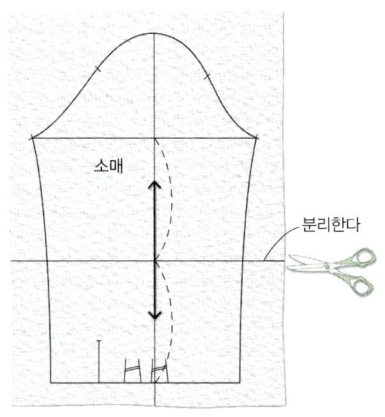

분리한다

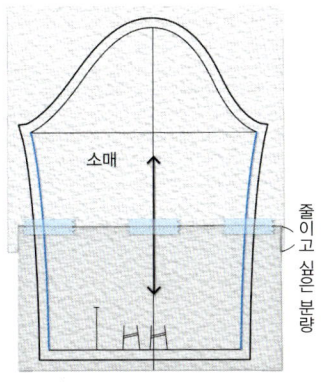

짧게 하는 경우
줄이고 싶은 분량

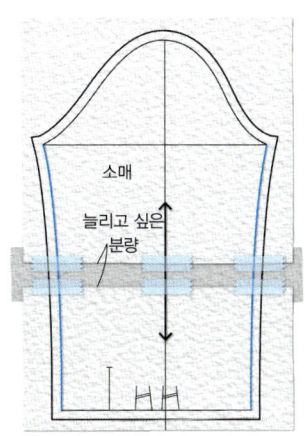

길게 하는 경우
늘리고 싶은 분량

원단을 접어 패턴 배치하기

기본적으로 원단은 원단 폭을 반으로 접어 패턴을 배치합니다.
그렇게 해야 좌우대칭이 되어 한 장을 자르면 같은 방향의 옷본을 두 장 얻을 수 있습니다.
또한 양면 초크 페이퍼로 표시하기 때문에 원단은 안끼리 맞대어(두 장의 원단 표면을 바깥쪽에서 합치는 것) 접습니다.
패턴 배치는 큰 옷본부터 위치를 정하고 빈 공간에 작은 옷본을 끼워 넣어 원단을 효율적으로 사용합니다.
원단을 똑바로 펼쳐 놓은 상태에서 작업합니다.

원단을 반으로 접어 배치한다

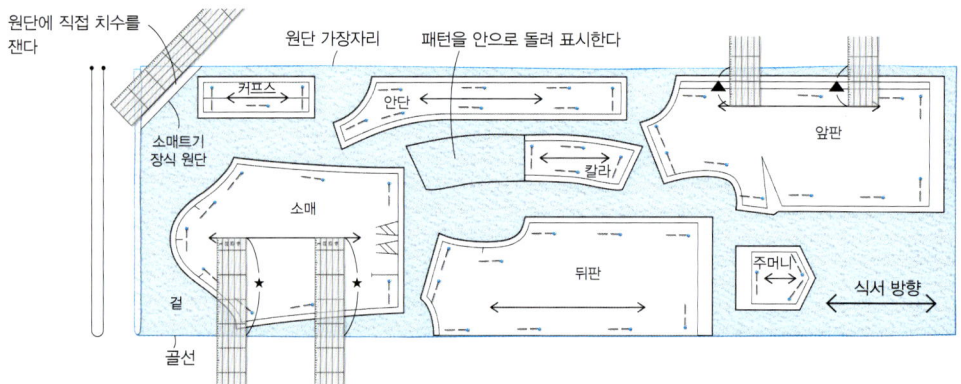

원단 가장자리를 맞춰 원단 폭을 반으로 접습니다. 패턴에 '골선'으로 표시되어 있는 부분은 '원단의 골선'에 맞춰 접습니다. 그 외의 패턴은 패턴의 식서 방향이 원단의 가장자리 또는 '원단의 골선'과 평행이 되도록 놓고 완성선보다 2cm정도 안쪽을 시침핀으로 고정합니다. 끈이나 바이어스테이프 등 직선의 옷본은 실물 크기 패턴에 없는 경우가 있으므로 패턴북의 재단 배치도를 확인해 직접 원단에 치수를 재가며 그립니다.

한쪽 원단에만 배치한다

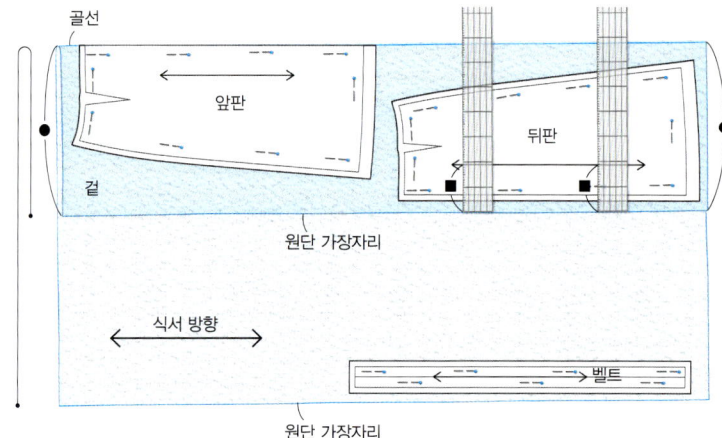

벨트, 주머니, 바이어스테이프 등 한 장의 옷본이 필요한 경우 한쪽 원단에만 패턴을 배치합니다. 원단 가장자리부터 패턴이 들어가는 폭(●)을 재, 식서 방향이 비뚤어지지 않도록 확실하게 접습니다. 패턴 배치와 고정하는 법은 원단을 반으로 접어 배치하는 법과 동일합니다.

원단 재단하기

원단을 재단할 때는 날이 잘 드는 재단가위를 준비하고, 원단이 비뚤어지지 않도록 눌러가며 패턴의 바깥방향으로 자릅니다.

재단 가위 사용 법

가위는 원단에 수직이 되게 세우고, 아래쪽 칼날은 작업대에 붙인 채 위쪽 칼날을 움직여가며 자릅니다. 그 상태에서 아래쪽 칼날은 앞으로 미끄러뜨리듯, 위쪽 칼날은 움직여가며 재단합니다. 이때 한 번 자를 때마다 칼끝을 완전히 닫으면 비뚤어질 수 있으므로 칼끝이 완전히 닫히기 직전까지만 자릅니다. 곡선은 자르는 길이를 짧게 해 천천히 자릅니다.

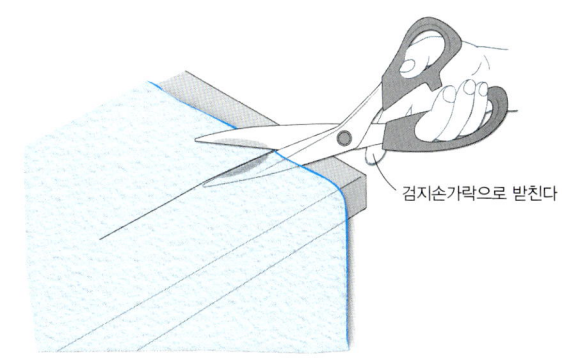

검지손가락으로 받친다

재단하는 법

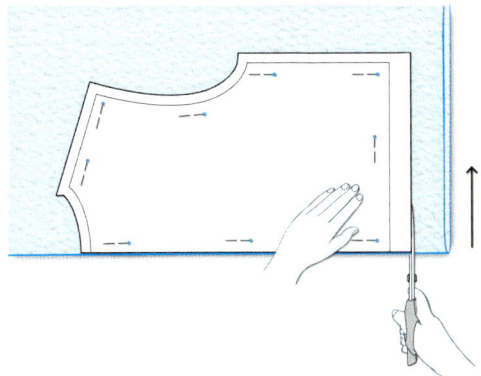

1. 왼손으로 원단을 누르고, 가위는 원단 가장자리에 가까운 위치부터 시작해 패턴 바깥쪽 방향으로 자릅니다.

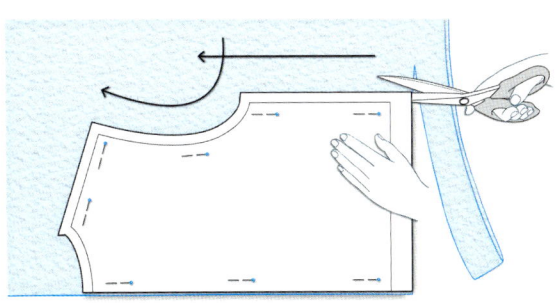

2. 모서리는 원래 위치보다 조금 더 자른 상태에서 가위 방향을 바꾸고 계속해서 자릅니다.

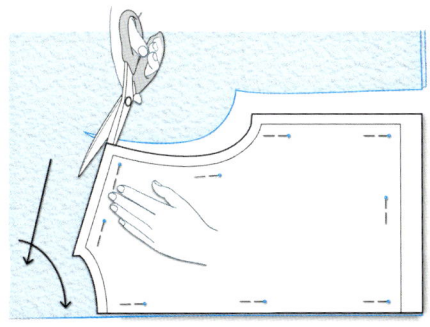

3. 원단을 움직이는 것이 아니라 몸을 움직여 안쪽에서 바깥쪽으로 자릅니다.

원단에 표시하기

한 번에 두 장의 원단에 표시를 할 수 있는 양면 초크 페이퍼를 사용합니다.
완성선뿐만 아니라 패턴 안쪽에 있는 표시(맞춤표시, 재봉 끝 점, 주머니 위치 등)도 잊지 않습니다.

완성선

패턴을 고정하는 시침핀을 그대로 둔 채 두 장의 원단 사이에 얇고 길게 자른 양면 초크 페이퍼를 끼워둡니다. 원단 아래에 두꺼운 종이를 깔고, 룰렛으로 완성선을 덧그리며 맞춤표시는 십자 모양으로 표시합니다. '골선' 모서리에는 중심선을 알 수 있도록 사선 표시를 넣습니다. 표시를 마친 후에는 시침핀을 제거하고 패턴을 떼어냅니다.

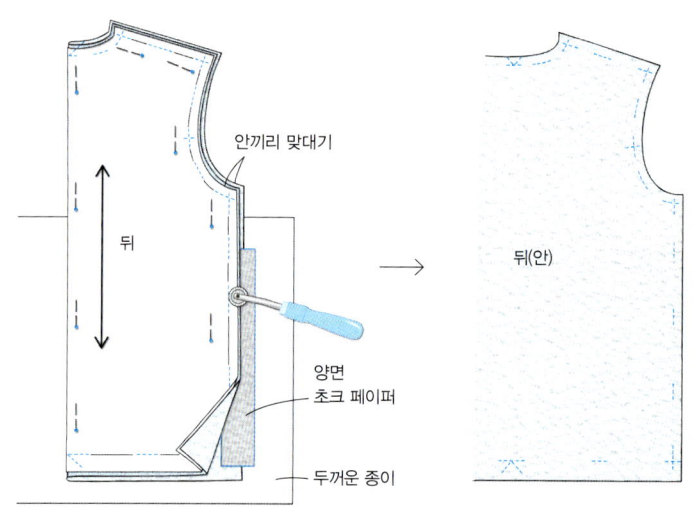

다트

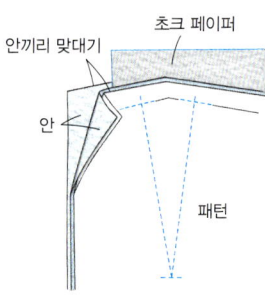

다트 위치와 다트선에
십자 모양 표시를 합니다.

턱

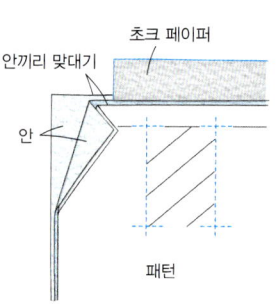

턱 위치와 재봉 끝 점에
십자 모양 표시를 합니다.

주머니 위치

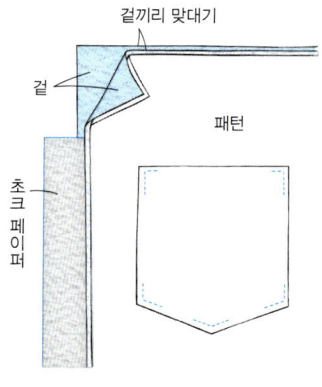

원단을 겉끼리 맞대어 패턴을 놓고, 양면 초크 페이퍼를 사이에 넣습니다. 그 위에 주머니 위치를 표시하면 완성되었을 때 표시가 보이기 때문에 살짝 안쪽으로 표시합니다.

접착심지 붙이는 법 배우기

접착심지는 원단 한쪽에 접착제가 붙어 있어 다리미 열을 가하면 원단에 붙습니다.
주로 안단, 칼라, 커프스, 벨트 등에 붙입니다.

접착심지 자르는 법

접착심지는 패턴이 아닌 재단한 원단을 사용해 자릅니다. 접착심지와 재단한 원단을 안끼리 맞대고 심지와 원단 식서 방향에 맞춰 놓고 시침핀으로 고정합니다. 원단의 가장자리를 따라 접착심지를 자릅니다.

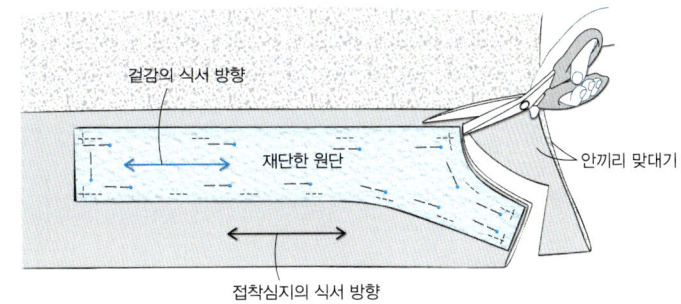

접착심지 붙이는 법

1 다리미판에 재단한 원단의 안쪽이 위로 오게 놓고 그 위에 접착심지의 안쪽면(거칠거칠한 면)을 아래로 가게 겹쳐놓습니다.

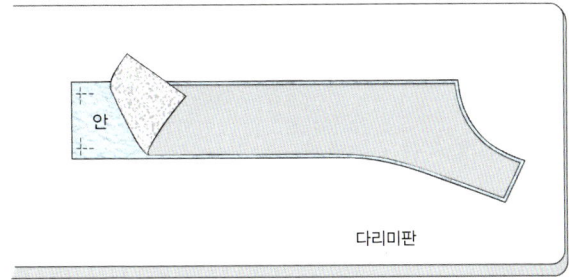

2 1 위에 종이를 올려놓고 스팀다리미(중간 열)로 누릅니다. 다리미는 문지르지 말고 절반씩 겹치면서 틈이 생기지 않도록 조금씩 움직이며 10초씩 누릅니다.

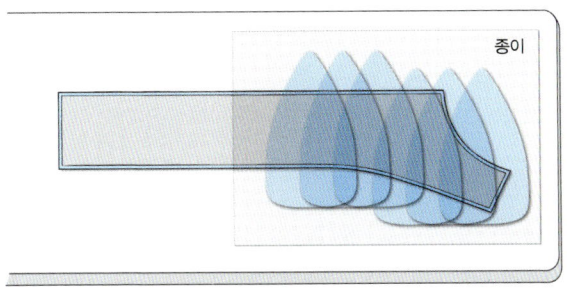

index

ㄱ	가름솔	18, 30, 36		셔츠	38
	가위집	33, 39		셔츠 칼라	22
	감치기	21		소매	40, 57
	겹쳐박기	13		소매길이	57
	고무줄	35		소매달기	40
	고무줄 넣기	35		소매트기	42
	곡선 박기	12		소맷마루	40
	골선	58		소맷부리	13, 20, 41, 55
	구멍이 있는 단추	44		손바늘	51
	기둥이 있는 단추	44		송곳	51
	깅엄	52		숨겨박기	34
	끈	29		숨은 지퍼	30
ㄴ	나일론	52		스냅	45
	노슬리브	24		스퀘어 넥	23
	뉨솔	19		스티치	17
ㄷ	다리미	50		스프링 훅	47
	다림질	9, 61		슬래시 트임	33
	다트	15, 55, 60		시접	9, 18, 55
	단추	44, 45		시접자	49
	덩거리	52		시침실	51
	되돌아박기	8		시침질	7, 20, 27, 40
	두 번 접기	21		시침핀	7, 50
ㄹ	라운드 넥	23		실뜯개(리퍼)	51
	룰렛	49, 60		실물 크기 패턴	54, 56
	리넨	52		실크	52
ㅁ	모서리 박기	11	ㅇ	안단	23, 61
	모서리 시접	55		양면 초크 페이퍼	49, 60
	목둘레선	23, 24, 32		완성선	60
	무늬가 있는 원단	5, 52		외솔	18
	무지	5, 52		원단	52
	밑단	20		원단 가장자리	53
ㅂ	바늘땀	9		원단 고르는 법	52
	바이어스 테이프	24, 26, 28		원단 사용량	53
	바지	34, 35, 46		원단의 겉과 안	52
	배치	58		원단의 골선	58
	벨트	34		원단의 종류	52
	벨트심	34		원단의 폭	53
	보빈	50		원단의 폭	53
	브로드클로스	52		원통 박기	13
	블라우스	38		원피스	36, 56
ㅅ	샤프 펜슬	49		원피스 길이	57

ㅈ	작은 꽃무늬	52
	장식	26
	재단	59
	재단 가위	51, 59
	재단 배치	58
	재봉	6, 10, 50
	재봉바늘	5, 50
	재봉실	5
	재봉실 조절	6
	전처리	53
	점선	6
	접단	20, 21
	접착심지	34, 61
	종이용 가위	49
	주름(개더)	16
	주머니	36, 37, 60
	줄자	49
	진동둘레	24
	쪽가위	51
ㅊ	창구멍	35
	천연섬유	52
	체크	52

	초크 펜슬	49
	치마	34, 35, 36, 46, 56
	치마길이	57
ㅋ	칼라	22, 38, 61
	커프스	43, 61
	코드레인	52
	코튼	52, 53
ㅌ	턱	17, 60
	통솔	19
	트윌	52
ㅍ	패턴 만들기	49, 54, 55, 56, 57, 58
	폴리에스테르	52
	표시	60
	핀 쿠션	50
ㅎ	하도롱지	49
	한 번 접기	20
	허리 벨트	34, 46
	헤라	21, 51
	혼방	52
	화학섬유	52
	훅	46, 47

곁에 두고 보는 옷 만들기 노트

6쇄 펴낸날 2024년 1월 3일

지은이 문화출판국 편집부
옮긴이 김은혜
펴낸이 정원정, 김자영
편집 홍현숙
디자인 이유진

JAPAN STAFF
북디자인 와타나베 겐
일러스트 나카니와 로켓
해설 야마무라 노리코
협력 기요노 아키코
교열 무카이 마사코
편집 오사와 요코(문화출판국)

펴낸곳 즐거운상상
주소 서울시 중구 충무로 13 엘크루메트로시티 1811호
전화 02-706-9452
팩스 02-706-9458
전자우편 happydreampub@naver.com
페이스북 @happydreampub
포스트 post.naver.com/happydreampub
출판등록 2001년 5월 7일
인쇄 천일문화사

ISBN 979-11-5536-129-0 (13630)

* 이 책의 모든 글과 그림, 디자인을 무단으로 복사, 복제, 전재하는 것은 저작권법에 위배됩니다.
* 잘못 만들어진 책은 서점에서 교환하여 드립니다.
* 책값은 뒤표지에 있습니다.

KIHON TECHNIQUE GA WAKARU HON
HAJIMEMASHITE NO YOSAI KYOSHITSU

Copyright © EDUCATIONAL FOUNDATION BUNKA GAKUEN BUNKA PUBLISHING BUREAU 2011
Illustration © Satomi Dairaku 2011
All rights reserved.
Original Japanese edition published by EDUCATIONAL FOUNDATION BUNKA GAKUEN BUNKA PUBLISHING BUREAU
This Korean edition is published by arrangement with
EDUCATIONAL FOUNDATION BUNKA GAKUEN BUNKA PUBLISHING BUREAU, Tokyo
in care of Tuttle-Mori Agency, Inc., Tokyo through Botong Agency, Seoul

이 책의 한국어판 저작권은 Botong Agency를 통한 저작권자와의 독점 계약으로 즐거운상상이 소유합니다.
신저작권법에 의하여 한국 내에서 보호를 받는 저작물이므로 무단전재와 무단복제를 금합니다.
이 책에서 소개한 작품의 전부 또는 일부를 상품화, 복제 배포 및 대회 등의 참가 작품으로 출품하는 것은 금지되어 있습니다.